49,50

# Alla SAABs Sportbilar

Björn Svallner

# The Sonett, and All Other SAAB Sports Cars

**Björn Svallner**
**Alla SAABs Sportbilar**
**The Sonett and All Other SAAB Sports Cars**

Layout: Björn Svallner
Produktion: Jan och Marianne Jangö
Omslag/Cover by Herbert Müdsam
Förlag/Publisher: Allt om Hobby AB
Box 9185, S-102 73 Stockholm, Sweden
Tryckt hos Stellan Ståls Tryckerier, Stockholm 1983
ISBN 91-85496-18-9

# Förord

Saab är långt ifrån en av de stora biltillverkarna i världen.

Att då göra en bok om en liten bilproducents minst tillverkade modell kan förefalla märkligt.

Förklaringen är enkel. Jag har inte gjort den här boken trots att Sonetten och de andra Saabsportvagnarna är så okända, utan just på grund av att de är så lite kända för de flesta.

Visst – det är sant att det inte byggdes många exemplar av de här bilarna. Några och tiotusen exemplar är inte något de stora skulle skryta med – speciellt inte som det här rör sig om en produktion under nästan tio år.

Trots det betydde Sonetten och Saabs övriga sportbilar betydligt mer än vad de blygsamma produktionssiffrorna berättar.

De amerikanska Saabhandlarnas bön i början av sextiotalet ger det hela i ett nötskal:

– Ge oss en tuff bil som lockar in kunderna i våra utställningshallar. Kommer de bara in, ska vi nog sälja vanliga vardagsbilar åt dem!

Det fungerade. Därför är Saab Sonett värd att minnas. En bil som betydde mer än de flesta anat för en liten fabriks satsning på en stor och tuff marknad.

Jag hoppas på det här sättet hindra att Saabs sportvagnar – och de som byggde dem – faller i glömska.

**Björn Svallner**

# KAPITEL ETT

# Sonett I – tävlingsbilen

**– Den skulle bli en vinnarbil …**

Rolf Mellde

Egentligen väcktes tanken på en snabb sportbil redan 1950, då Saab bara hade något år på nacken som biltillverkare. Saab deltog då i vintertävlingen Rikspokalen, en tuff historia som satte både bilar och besättningar på hårda prov – så hårda att många inte klarade av strapatserna utan tvingades bryta.

– Vi lyckades till 150 procent, berättar Rolf Mellde, trots att det var första gången Saab tävlade i större sammanhang.

Framgången gjorde att jag började fundera över vilka chanser vi hade att ta hem en totalseger i Svenska Rallyt. Ganska snart stod det klart att vi inte hade några möjligheter med de bilar som tillverkades på löpande bandet i Trollhättan – men med en specialbyggd extrem sportbil?

– Kanske kunde en sådan ta upp konkurrensen med Porsche, Maserati och allt vad de då så framgångsrika bilarna hette.

– Jag ville ha en riktig storseger och började skissa på en sportbil någon gång 1954, berättar Rolf Mellde vidare.

Trots att sportbilen egentligen bara skulle bli en renodlad tävlingsmaskin lekte tydligen tanken på seriebygge för Mellde redan då. En av de allra första skisserna på den nya bilen har ett par anteckningar i kanten som skvallrar om detta, då de talar om två motoralternativ – ett för tävling, ett för standardbruk!

– Jag fick efter många om och men företaget att satsa en summa pengar i projektet, som därmed också fick officiell status trots att vi jobbade med bygget på fritiden. Bygget fick till och med ett eget modellnummer.

Som vanligt förbehölls numren i 90-serien för civila byggen. Saab 90 var trafikflygplanet Scandia, 91 det enmotoriga skolflygplanet Safir. 92 och 93 var de första personbilarna. 94 var det första lediga numret och det tilldelades sportvagnsprojektet.

Rolf Mellde ritade en avancerad självbärande konstruktion i form av en låda, som skulle bära upp motor, axlar och andra detaljer. Mekaniken skulle sedan täckas med en kaross av plast.

*Det här är en av Rolf Melldes absolut första skisser till den nya sportvagnen. Ritningen är daterad oktober 1954 och redan då funderade Mellde på att inte bara bygga bilen för tävlingsbruk, utan också för vanlig trafik, vilket noteringen på ritningen om två motoralternativ skvallrar om.*

*This is one of the very first drawings Rolf Mellde made of his sports car idea. The drawing is dated October 1954, and Mellde was already at that time thinking not only about a car for motor sport but, as the marginal note indicating two engine alternatives reveals, a road-going sports car was also in his mind.*

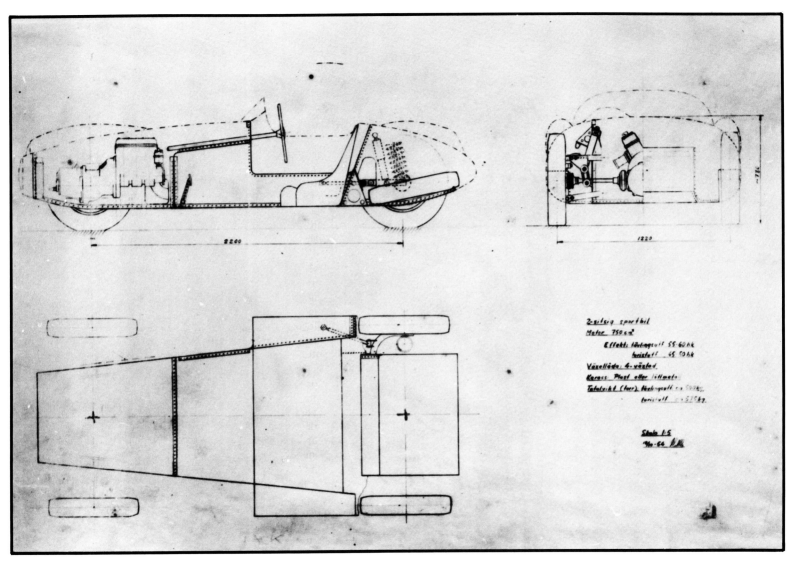

2200

1220

2-sitsig sportbil
Motor 750 cm³
  Effekt: tävlingsutf 55-60 hk
          turistutf  45-50 hk
Växellåda: 4-växlad.
Kaross: Plast eller lättmetall.
Totalvikt (ber). tävlingsutf ca 500 kg.
               turistutf  ca 575 kg.

Skala 1:5
⁹/₁₀-54

5

– Jag var inte alls imponerad av dåtidens specialbyggen med risiga rörramar, berättar han. Det här blev lättare. Dessutom kunde vi skalkonstruktioner och hade därtill erfarenhet av lättmetallbyggen från experterna inom Saabs flygavdelning.

En annan som var med om projekt 94 var Olle Lindkvist:

– Jag kommer ihåg att jag byggde en kartongmodell av konstruktionen. Sedan lät vi Erik Nilestam, flygtekniker i Linköping, titta på den och efter några smärre modifieringar gav han klarsignal. Trots att hela den självbärande lättmetallådan bara skulle väga 71 kg borde den med god marginal tåla de påkänningar den skulle utsättas för.

– Chefen för biltillverkningen, Gunnar Ljungström, hade ställt upp en rad krav som varje Saabbil måste klara, berättar Olle Lindkvist. De här kraven innebar, t ex att bilen måste tåla att man körde mot en trottoarkant och att kunna släppas i ett fritt fall som utsatte den för två g vid landningen m m.

Det stora problemet var att inget fick läcka ut om projektet. Följaktligen kunde man inte hålla till i de vanliga fabrikslokalerna, där alltför mycket folk cirkulerade. Tillverkades bilen där, skulle säkert ryktet om bygget snart nå även obehöriga öron.

I stället hyrde man in sig i en oansenlig lada i trakten av Åsaka, några mil från Trollhättan, för byggäventyret. För ett äventyr var det – det håller Rolf Mellde med om.

– Vi var entusiaster, kommenterar Olle Lindkvist.

Ladan var långt ifrån någon lämplig lokal för ett avancerat sportvagnsbygge. I mitten av januari 1955 startade i alla fall bygget och så småningom växte lättmetallådan fram. På den monterades hjulupphängningar och andra komponenter från Saab 93.

Visst skulle vi ha velat ha specialtillverkade delar, men budgeten för det hela gjorde att vi måste använda standardbitar, minns Rolf Mellde.

Orsaken till att bilen blev högerstyrd – vilket passade bra i dåtidens vänstertrafik – har sagts vara att man på så sätt kunde använda en standard styrväxel, om än placerad upp och ned för att vinna höjd.

– Sanningen är nog en helt annan, medger Rolf Mellde. Det var snarare så att jag, inspirerad av utländska sportvagnar, tyckte att det såg tuffare ut med högerstyrning...

Motor och växellåda hämtades direkt ur produktionen, men för att ge bilen den önskade viktfördelningen vände man helt sonika hela paketet bak och fram. Växellådan hamnade därmed framför motorn, vilket gav en betydligt bättre viktfördelning än om motorn på vanligt 93-manér behållits hängande långt framför framaxeln.

Det här krävde nu att motorn roterade baklänges gentemot i standardbilen. Operationen vållar i och för sig inte några problem i en tvåtaktare – men däremot uttryckte Rolf Mellde farhågor om vad det skulle betyda för växellådan i ett internt PM under bygget:

Den växellåda, som f n användes, drives i en riktning som den ej är konstruerad för. Härigenom ändrar vissa lagerlaster riktning och lagrens livslängd kan då allvarligt

*Chassit till Saabsportvagnen byggdes av aluminiumplåtar som nitades ihop, precis som då Saab byggde flygplan. Färdigt vägde chassit bara 71 kg.*

*The chassis for the first sports car project was made of sheet aluminium held together with rivets in the same way that Saab built aircraft. The complete chassis weighed only 81 kg.*

*Här börjar "pluggen" för ka-rossformen växa fram. Den byggdes till stor del av gips och slipades sedan till perfekt finish. Byggare är här Sven Fredriksson och Elis Olsson.*

*The model begins to take form – the plaster-of-paris casting is ground to a perfect finish at the hands of Sven Fredriksson and Elis Olsson.*

*Bilden avslöjar att lokalen kanske inte var den allra bäs-ta för tillverkning av en avan-cerad sportvagn. Plastångor-na bör därtill ha blivit ganska bedövande då gjutningen av karossdelarna började.*

*As this photo reveals, the pre-mises were hardly ideal for the manufacture of an advan-ced sports car. The fumes from the fiberglass were pro-bably overwhelming.*

minskas. Några olägenheter har dock hittills icke framkommit.

Växellådan var treväxlad och standardbilens rattväxel behölls. För att klara av överföringen från växellådan framför motorn till spaken användes en rad länkarmar med leder. Följden blev, att rattspaken hamnade på vänstra sidan av rattstången med minst sagt aviga växellägen.

Det hela blev så komplicerat att manövrera, att det inte dröjde längre förrän rattväxeln ersattes av en golvväxel.

Vid det här laget hade Saab planer på att senare förse åtminstone kombimodellen med en fyrväxlad låda och sportvagnsbyggarna kastade lystna blickar på de fyrväxlade experimentväxellådor som fanns färdiga redan då. Man lyckades också få tag på ett par sådana – trots att det ännu skulle dröja flera år till dess Saab 1959 lanserade sin första fyrväxlade låda.

När lådan placerades i sportvagnen visade det sig att manövreringen fortfarande vållade problem. Framåtväxlarna låg i vanligt H-mönster. Backen däremot var minst sagt speciell. För att få i den skulle först ett dragreglage dras ut, varpå spaken lades i samma läge som för tvåan. Eftersom extrareglaget inte var märkt och såg ut att vara ett huvlås eller möjligen ett chokereglage var det lätt att förstå de bekymmer förare, som inte fått systemet demonstrerat för sig, råkade ut för när de måste backa ...

– Det var inte så noga vid provkörningarna på den tiden, berättar Rolf Mellde. De första körningarna gjorde vi utan att ha någon kaross på bilen!

Karossen var helt enkelt inte tillverkad vid det laget, varför bilen bara försågs med de provisoriska gröna bilhandlarskyltarna, som tillät körning trots att den inte passerat besiktningens skärseld.

– Vi körde på nätterna, för att inte obehöriga skulle få se bilen i onödan, minns Rolf Mellde. En skollärare i trakten lär dock ha klagat på att "motorstollar" hade kört förbi exakt var tionde minut under flera nätter...

När det blev dags att bygga karossen krävdes inblandning av ytterligare några tekniker. Tanken var att använda

femtiotalets sensationsmaterial nummer ett – plast – i karossen och det var något som Saabs eget folk inte visste något om.

För att inte trilla i några fallgropar beslöt man att köpa tjänster utifrån och i Göteborg fann man ett företag – originellt nog med namnet Soab – som kunde ställa upp med både material och folk som visste hur man byggde i plast.

– Vid den tiden hade vi inte en aning om hur man jobbade i plast, berättar Lars-Olof Olsson, som också jobbade med bygget. Soab – Svenska Oljeslageri AB – hade importerat plastmaterial från USA. Från firman sändes en man som fick lära oss att hantera pensel och plast – dvs arbetsmetoder som varje båtbyggare idag behärskar till fulländning, men som då var helt nya och sensationella.

Legendariska formgivaren Sixten Sason ritade en öppen kaross till den tvåsitsiga bilen, som skulle ha en låg panoramaruta tillverkad av plexiglas. Med ledning av hans skisser byggdes en kaross upp i full skala av gips på en stomme av träfiberplattor. Den här formen – "pluggen" – finpolerades och användes för att gjuta en negativ form.

Byggarna minns att det var svettiga ögonblick när plastformen skulle lyftas av gipset. Trots rikligt med släppmedel ville inte de båda materialen säras och till slut återstod inte annat än att med spett och hacka få bort gipsresterna – bit för bit.

Det hela måste ske med yttersta försiktighet, eftersom ett missgrepp skulle ha givit skador på de plastdelar som togs fram med hjälp av den negativa formen.

Nu lyckades de kommande gjutningarna bättre än väntat och snart hade man de nödvändiga delarna lackade och klara för montering på chassit – bilen var klar.

Sixten Sason såg den färdiga bilen:

–Så nätt den är, kommenterade han, och så fick den sitt namn, om än med en internationellt mer gångbar stavning.

– Här stod en perfekt sportbil färdig och klar – och så fick jag inte använda den. Det var ett helsike för mig, berättar Rolf Mellde.

*Efter en hel del problem stod också plastkarossens delar färdiga att monteras på chassit och bilen kunde så kompletteras med de många små men betydelsefulla detaljerna som krävs för att bli helt färdig.*

*After overcoming various problems, the fibreglass body was ready to be married to the chassis, and the various parts that make up a complete car could then be fitted.*

Marknadsförarna på Saab hade nämligen beslutat att projektet skulle förbli hemligt till dess den stora bilutställningen i Stockholm 1956 slog upp portarna.

Då, men absolut inte förr, skulle någon få se den läckert gula skapelsen.

Inför presentationen måste emellertid bilder tas av bilen för att man skulle kunna ha broschyrer och andra reklamalster att dela ut samtidigt som bilen visades upp för första gången.

Bland annat beslöt reklamfotografen Folke D Sörvik att ta en färgbild av sportbilen tillsammans med en vanlig Saab 93 – mitt i natten.

Man riggade upp de många blixtlamporna som skulle komma att behövas, eftersom färgfilmen vid den tiden inte var speciellt ljuskänslig. Hela arbetet måste ske i mörker och därför gjorde Sörvik inställningarna med hjälp av måttband. Alla drog en lättnadens suck, när det började bli dags att ta bilderna och ingen obehörig tycktes ha visat något intresse för vad som tilldrog sig på vedbacken mitt i mörka natten.

Då hände det som bara inte får ske. Vedbackens ägare kommer på väg till utedasset i ett helt naturligt ärende och alla inser att han några ögonblick senare kommer att snubbla över den låga sportbilen.

En av teknikerna som deltar i fotograferingen finner sig blixtsnabbt och tänder sin ficklampa, som han riktar rakt mot "inkräktarens" ansikte.

Bländad som denne är, kan han inte se vad som pågår och Saabfolket kommer med någon ursäkt för att man stör och lotsar honom – fortfarande bländad – runt bilarna och sedan tillbaka igen.

Detta utan att vederbörande hade en aning om vad som pågick och, vad som var än mer märkligt, han berättade inte för grannarna om vad som hade hänt på nattkröken.

Övriga bilder togs i arbetslokalen, som emellertid var för trång för att fotografen skulle kunna arbeta normalt. Han tvingades helt enkelt att stå utanför den öppna dörren och ta bilderna därifrån, in i ladan.

För att ingen skulle få en chans att se vad som doldes innanför ladans anspråkslösa väggar, byggde man under dessa fotograferingar upp en provisorisk vägg av masonite bakom fotografens rygg.

Bilbilder från den här tiden är nästan undantagslöst "dekorerade" av en vacker flicka som klänger på bilen – men inte här.

Fotografen avslöjar varför:

– Det hade inneburit att vi tvingats inviga ännu en person i projektet, och det vågade vi helt enkelt inte för att kunna vara säkra på att hålla det hemligt in i det sista.

Så nalkades då den stora dagen då Bilsalongen skulle slå upp portarna. Timmarna rann undan och snart skulle det bli dags för stadsfullmäktiges ordförande Carl Albert Andersson att öppna bilutställningen.

Då rullar en gaffeltruck fram till den bakdörr som finns omedelbart intill Saabmontern. Trucken fraktar en stor låda, som sätts ned, lådans ena gavel tas bort och den lilla sportbilen rullas in på det podium som förberetts.

Överraskningen är total. Ingen har haft en aning om att Saab haft en bil av det här slaget på gång och Saab Sonett Super Sport blir mycket riktigt stjärnan i showen och därmed är första stadiet i bilens utveckling ett passerat faktum.

Nu återstod att utvärdera bilen och dess eventuella framtid, samtidigt som den också måste cirkulera på de olika internationella bilutställningarna.

– Den första Sonetten var ett rent hantverksbygge, poängterade Rolf Mellde i en tidningsintervju då bilen visades. Priset var också därefter, sade han. Räkna med att bilen kostat runt 75 000 kronor.

Detta ska jämföras med att en standard Saab 92B kostade 6 700 kronor, en Volvo PV 444 9 200 kronor (inkl värme), en Renault 4CV 5 640 och en Austin A 30 5 890 kronor.

Den första november har bilen, som bar registreringsnummer P 140000, rullat 5 000 km och Rolf Mellde sammanfattar erfarenheterna i ett PM, samtidigt som han tar upp några högst personliga synpunkter på framtiden:

**Bilen har i stort uppfyllt de förväntningar vi haft. Accelerationen är av god klass. Toppfarten hade vi dock hoppats skulle bli något högre (detta fel är dock säkerligen möjligt att rätta till genom ändring av motorn).**

**Väghållningsegenskaperna är av absolut toppklass. Personligen har jag ej tidigare kört någon bil som kan betecknas som bättre i detta avseende (inkl Mercedes 300 SL, Alfa Romeo Zagato och Giulietta, Porsche m fl).**

**Visserligen känns bilen något för direktstyrd vid första provkörningen, men efter en tids körning märker man dock intet därav.**

**Jag är övertygad om att därest vi kan få möjlighet att frigöra lämplig arbetskraft under ca 3 månader, ska det lyckas oss att åstadkomma en tävlingssportbil av Sonetten.**

En av dem som provkörde bilen var legendariske Erik Carlsson "På Taket":

*Långt innan karossen var färdig stod chassit klart för provkörning. "Bilen" utrustades med de gröna bilhandlarskyltarna som Saab förfogade över och så bar det iväg på nattliga provturer. På bilden Lars Olof Olsson och Olle Lindkvist, då bilen stod klar för den allra första provkörningen.*

*Long before the body was finished, the chassis was ready for test driving. The "car" was fitted out with tradeplates and taken for nightly runs. Here, Lars Olof Olsson and Olle Lindkvist are ready to set forth on the very first outing.*

*Bilden längst t h skickade Saab ut tillsammans med uppgifter om den nya bilen. En vacker flicka måste enligt dåtidens mode till, för att framhäva bilens linjer. Liknande bilder användes i de utländska broschyrerna om Sonett, se bl a sidan 21.*

*To the far right the publicity shot Saab sent out with the first details of their new sports car. A pretty model was standard procedure in those days to emphasize the car's lines. Similar photos were used in the brochures produced for the US market – see page 21.*

*Bakaxeln monterades i ett centralt fäste försett med ett stort antal hål för infästningen. Bakaxeln kunde därmed lätt flyttas för att variera bilens egenskaper allt efter olika förares önskemål. Bilden visar bakaxeln bakifrån, inne i bagageutrymmet.*

*The rear axle was attached to a central mounting which had a large number of bolt holes that enabled it to be moved easily to modify the car's chassis characteristics to suit different drivers. The photo shows the rear axle as seen from the rear, via the luggage compartment.*

–Jag körde Sonetten varje dag, en hel vinter, berättar han.

Och det var heller inte fråga om någon liten utflykt.

–Jag körde från Trollhättan till Göteborg, så ned utefter Västkusten till Halmstad, upp efter Nissastigen till Gislaved och så över Borås och Falköping tillbaka till Trollhättan. Dag efter dag.

– När det regnade – ja då blev man sur...

– Vi hade skinnställ att dra på oss när vinterkylan blev för bister, men det skyddade inte speciellt i den öppna bilen. Någon värme fanns ju inte heller i den här Sonetten.

– Det var roligt att köra i alla fall, myser Erik Carlsson vid minnet av de blöta och kalla provturerna.

Under de 500 milen hade man också klockat bilens prestanda:

**Stående start 402 meter (1/4 eng mil) 19,2 sek (genomsnittsfart 75,5 km/h)**
**1 000 meter 36,0 sek (genomsnittsfart 100 km/h)**
**1 609 meter (1 eng mil) 52,1 sek (genomsnittsfart 112 km/h)**

Toppfarten var svår att mäta men de erfarna förarna tippade ofta körningarna och ansåg att den låg omkring

155 km/h – dvs ett gott stycke under de 200 km/h som det talades om då bilen introducerades på bilutställningen.

Hemligheten med bilens prestanda var den vassa motorn. Den vanliga 93-motorns 33 hästar, som togs ur de tre cylindrarnas volym på 0,748 liter, trimmades upp till 57,5 hästar med bl a en dubbelförgasare och ett insugningsrör, konstruerat av Olle Lindkvist hemma vid köksbordet. Kompressionen höjdes till 10:1. Trots det skulle motorn köras på vanligt handelsbränsle, dvs 85 oktan.

En tvåtaktare jobbar allra bäst när den är kall och för den här maskinen låg idealtemperaturen på femtio grader precis, enligt beräkningar som gjordes. Nu klarade inte något vanligt kylsystem att hålla så låg temperatur.

Eftersom det här var fråga om en renodlad tävlingsmaskin kunde man med gott samvete ta till en något ovanlig lösning:

Man använde helt enkelt två termostatstyrda pumpar, som pressade in kallt vatten i kylsystemet från en förrådstank ovanför de åkandes knän, när temperaturen steg för högt. Överskottsvattnet lät man helt enkelt rinna ut under bilen...

Någon fläkt behövdes inte med det här systemet. Det

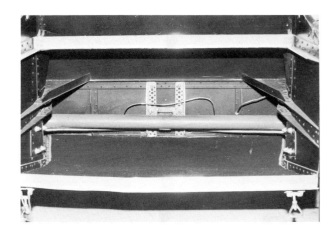

*På bilsalongen var Sonetten stjärnan som stal showen och givetvis skulle honoratiores fotograferas vid den vita lilla bilen. Här är det prins Bertil som beundrar skapelsen. Till vänster om honom Saabdirektören Tryggve Holm och längst t v Rolf Mellde.*

*At the Stockholm Motor Show, the Sonett I was the star which stole the show and many celebrities were photographed with the car. Here Sweden's motoring Prince Bertil can be seen admiring the new creation from Saab along with Saab's managing director Tryggve Holm and at the far left we can see Rolf Mellde.*

*Telegrammet till Saab säger det mesta om reaktionerna på den nya sportvagnen i USA. Avsändare var Saabimportören i USA som verkligen trodde på den här bilen.*

*Minuterna innan bilsalongen öppnar kör en truck fram med en stor låda. Ur lådan rullas en tidigare okänd sportvagn fram till det podium som stått redo. Sonetten stal intresset på bilsalongen och andra storheter som visades upp glömdes snabbt av publiken som bara hade ögon för "sensationen från Trollhättan", som bilen kallades i tidningarna.*

*This telegram to Saab from the US importer reveals how strongly Saab Motors Inc. believed in the Saab sports car.*

SAAB

TELEGRAM
TILL
SAAB LINKÖPING

MOTTAGET PER TELEF(
DEN          19
KL.          AV
ANKOM        KL.

12/9  19 56  KL.  1528

INLÄMNAT I  NEWYORK

REURCAB SONET PERSONALLY BELIEVE CAN EASILY SELL 100 SONETTS
AND MANY MORE ALSO THIS CAR WILL GREATLY BENEFIT 93 SALES STOP
TO SUPPORT MY OPINION IN OCTOBER ISSUE OF ROAD AND TRACK
MAGAZINE IS PUBLISHED LETTER FROM ME TO EDITOR SOLICITING
READER OPINION ON SONETT STOP REPLIES TO THIS JUST BEGINNING
ARRIVE TODAY BUT ALREADY APPEARS AS IF LARGE RESPONSE CAN BE
EXPECTED AIRMAILING LETTER =          AEROMIL +

*Sonetten har faktiskt rullat på New Yorks gator då den visades upp där i samband med en bilutställning. Här poserar en av bilens byggare, ingenjör Lars Olof Olsson, vid bilen i den amerikanska miljön.*

*The Sonett I had actually been driven on New York streets before it was displayed at the New York Auto Show. Here one of the engineers who worked on the car, Lars Olof Olsson, is shown posing proudly with the new Saab in New York.*

tillåter emellertid inte någon längre körning på tomgång eller i låg fart. En temperaturmätare var därför ett måste på instrumentbrädan. Utöver denna fanns ytterligare en temperaturmätare, som visade hur varm växellådsoljan var. Därtill en nog så nödvändig varvräknare, eftersom motorns drag var så gott som obefintligt under 3 000 varv – men däröver kom den som en raket.

Lättkördheten var inte en egenskap som konstruktörerna kan sägas ha premierat – men bilen var å andra sidan inte tänkt att sättas i händerna på en nybörjare...

Vi citerar vidare ur Melldes PM:

**I stort kan sägas att Sonetten i sitt nuvarande utförande är jämförbar med Porsche 1300 Super. Beträffande accelerationen upp till ca 120 km/h är Sonetten något snabbare, medan toppfarten är något högre på Porschen. Någon exakt jämförelse med sportbilar i samma klass har ej varit möjlig att göra på grund av de knapphändiga uppgifter, som står till buds. Dock torde den ligga väl till, trots att Sonettens vikt är onödigt hög på grund av de relativt tunga chassidetaljerna.**

Mellde antyder i sitt PM att Sonetten skulle kunna bli en bra och trevlig sportvagn, som säkert skulle kunna öka försäljningen av standardbilen, genom att dra intresset till Saabnamnet:

**Dock tror jag att tillverkningen av en sportbil ska bedrivas i liten skala (ca 25 bilar per år) då sportbilar i sig själva knappast kan bli någon god affär ur ekonomisk synpunkt. I varje fall inte förrän vi fått fram en täckt modell.**

**Jag tror, att just sportbilar i Sonettens storleksklass har en framtid, då allt tyder på att redan om 3-4 år sportbilar med cylindervolym upp till 750 cm³ kommer att bli en av huvudklasserna vid sportbilstävlingar.**

– Visst skulle det ha varit bra om vi vid det här laget hade kunnat bygga Sonetten i "storserie", dvs kanske

13

När bilen väl visats upp på bilutställningen i Stockholm var det fritt fram att köra även på landsväg i dagsljus och Rolf Mellde tog chansen att köra rejält med den attraktiva bilen. Bland annat körde han den en hel del i trakten av Östersund i samband med ett rally där.

After the car had been displayed at the Stockholm Motor Show, it could be freely taken out on the road in broad daylight and Rolf Mellde took every chance of sitting at the wheel of his new star attraction. He even used it for personal transportation when following a rally.

Instrumenteringen innehöll hastighetsmätare och varvräknare framför föraren. Mitt i bilen fanns så mätare för bränsle och temperatur i växellåda och kylvätska. Bilden t v visar en Sonett försedd med rattväxel – placerad på "fel" sida av rattstången. Nedan en bil med golvväxel. Lägg märke till reglaget för backväxeln.

The instruments included a speedometer and rev.counter in front of the driver. In the center was a fuel gage as well as gages for the gearbox oil and water temperaturers. The photo above shows another Sonett version with a column gear shift on the "wrong" side of the wheel. Below the floor shift. Notice the small knob, used when shifting to reverse.

När bilen var färdig började ett intensivt provprogram. Här gås bilen igenom under en körning med legendariske Gunnar Ljungström vid ratten.

When the entire car was ready, test driving was started. Here the car is being put through its paces by the legendary Gunnar Ljungström, Saab's chief engineer.

*Den här bilden visar en unik Sonettvariant. Sittbrunnen kläddes in över passagerarplatsen och den normala panoramarutan byttes mot en låg ruta runt förarplatsen. På bilden har dessutom Rolf Mellde ritat hur han tyckte nospartiet skulle ändras för att ge bilen mer fartfyllda linjer – en ändring som aldrig kom till stånd.*

*This picture shows a unique version of the Sonett I. The passenger seat is covered and the normal windshield has been replaced by a low windshield around the driver's seat. In this picture Rolf Mellde has also shown how he felt the nose should be altered to give the car a faster-looking appearance – a change which never took place.*

*Sonetten blev självskrivet blickfång hos Saabhandlare runt om i landet. Här ska den locka kunder till Philipsons i Helsingborg.*

*The Sonett I was a popular attraction for Saab dealers everywhere. Here it is being used to bring in customers to the Philipson's in Helsingborg in southern Sweden.*

hundra bilar om året, säger Rolf Mellde. Det hade å andra sidan fört med sig nya bekymmer – bl a hade många av bilarna hamnat i USA där vi hade fått svårt att hjälpa ägarna med service och reparationer.

Mellde avslutade sitt PM med ett förslag om att bygga ytterligare fem bilar, modifierade efter vad som framkommit under provkörningarna med den första, gula bilen. På så sätt skulle det bli möjligt att få ut mer av projektet inför en eventuell serieproduktion. Tanken var att två bilar skulle användas för utställningsändamål, en i Sverige och en utomlands. De resterande tre bilarna skulle användas för tävlingsbruk för "erhållande av publicitet och indirekt reklam".

För uppmärksamhet väckte Sonetten. Olle Lindkvist

körde bilen en hel del, bl a under helgerna, då han ibland tog med fru och barn, vilket vållade bekymmer:

– Barnet fick stå mellan stolarna, berättar han. Det var inte så noga med säkerheten på den tiden...

Tävlingsengagemanget, som skissades upp, skulle bestå av deltagande i tre till fyra av de större isbanetävlingarna och i två större tävlingar på tusenmeters travbanor. Dessutom skulle man köra i, som Mellde skrev, två mer Grand-Prix-betonade tävlingar.

På så sätt skulle vi nå en publik på ca 200 000 personer, slutar han sitt PM daterat första november 1956.

Saabs ledning tände på idén och man beslöt att bygga ytterligare fem bilar. Nu var ladan i Åsaka för trång och arbetet lades istället ut på ASJ i Linköping, som i sin tur

*En reklambild visar här den
första Sonetten tillsammans
med en mer jordnära familje-
bil, en Saab 93 av 1957 års
modell som med sin 33-häs-
tars tvåtaktare långt ifrån ha-
de samma temperament som
Sonetten.*

*An advertising photo show-
ing the Sonett I together
with a more normal family
car: the 1957 Saab 93 with its
33 hp two-stroke engine and,
of course, a much milder char-
acter than its sporty relative.*

förlade tillverkningen av karossen till dåvarande Kaross-
verkstäderna i Katrineholm. De fem skilde sig på en vä-
sentlig punkt:

Första bilen hade lättmetallchassi – de senares chassin
gjordes i stålplåt. En modifierad kaross byggdes också
med sittbrunnen delvis inklädd. Kvar blev bara en öppning
över förarplatsen omgiven av en plexiglasruta, som sträck-
te sig inte bara framför föraren, utan också vid sidan av
honom – allt för att minska luftmotståndet och ge en högre
toppfart.

Rolf Mellde skissade själv också ett nytt nosparti, där de
nyfiket stirrande strålkastarna flyttades in under strömlin-
jeformade täckglas, som gav bilen en mer fartfylld sil-
huett.

Det hela kom dock inte längre än till bara lösa skisser
och någon ombyggnad gjordes aldrig.

Orsaken var helt enkelt att Sonetten över en natt blev
onödig.

Den var från början tänkt som tävlingsbil – men så änd-
rades tävlingsreglementet och i stället kunde man köra
med lättade standardbilar försedda med hårdtrimmade
motorer. Saabs intresse knöts snabbt till den här tävlings-
klassen och Sonetterna glömdes mer eller mindre bort –
åtminstone i Sverige.

# Tävlings-drömmen

*Sonetten blev aldrig den täv-
lingsbil Rolf Mellde hoppats.
Det berodde inte på att bilen
var dålig – det var reglerna
som ändrades och gjorde den
onödig över en natt. Innan
dess hann den dock delta i nå-
gra tävlingar – som på bilden
då den kördes på Karlskoga-
banan 1957.*

*The first Sonett never became
the rally car that Rolf Mellde
hoped it would be. It wasn't
the car's fault – it was merely
that the rules were changed
and made it superfluous over-
night. Nonetheless it was en-
tered in a few events – as in
the photo when it was driven
on the Karlskoga circuit in
1957.*

I USA lät man inte projektet glömmas bort så lätt – det
här var en bil i amerikansk smak!

Saab Motors Inc, som visat upp Sonetten bl a på bilut-
ställningen i New York, gick till och med ut med en bro-
schyr, där man frankt förklarade att den här bilen, från
början tänkt som en experimentbil, inom kort skulle sättas
i produktion!

Inte nog med det – man förutskickade också att den
skulle säljas i två utföranden. I det ena, som överenstäm-
de med den Sonett amerikanarna sett på bilutställningen,
skulle den vara lämpad för tävlingsbruk och mätte då in i
"Class H". Bl a påpekade Saab Motors Inc att bilen hade

bromsar lämpade för tävlingsbruk.

Därtill utlovade man också en mer civiliserad modell,
med ett kylsystem som passade bättre för körning i trafik
och inte fullt så tuffa bromsar.

Än mer väsentligt var broschyrens löften om en sufflett
som väderskydd och ett riktigt bagageutrymme...

Nu kom det inte längre än till just broschyren när det
gällde produktionen av den första generationen Sonett.
Bara de sex bilarna kom att byggas och mycket mer an-
språkslös än så kan väl knappast en "serieproduktion"
bli...

Photo: G.D. Hackett

The Super Sport Sonett, Sweden's first sports car, will be placed in production soon by Svenska Aeroplan Aktiebolaget (SAAB). Designed as an experimental car, the Sonett excited so much interest during its first American showing that it is now being modified for production. Two versions of the car are planned: one for competition use in Class H (shown above), with special brakes and cooling system, and one for personal use, with a soft convertible top and luggage compartment.

Built on a chassis similar to that of the SAAB 93, a four passenger car, the Sonett's body will be either laminated fiberglass plastic or aluminum. The SAAB 93 three cylinder, two cycle engine has been boosted to 57.5 hp at 5000 rpm and will reach a maximum speed of 125 mph. The car can be accelerated from 0 to 60 mph in 12 seconds. Its weight will be 1100 pounds or less. The unusual box type design of the chassis is built according to aircraft design principles and is made of aluminum.

The SAAB Sonett, built by the famous Swedish Aircraft Company (SAAB), will be sold in the United States by regular SAAB dealers.

Specifications: Weight, dry: 1100 lbs. Track, front and rear: 4'. Wheel base: 7.25'. Overall length: 11.18'. Overall width: 4.66'. Overall height: 2.6'. Engine: Cylinder volume: 748 cc. Maximum output: 57.5 brake hp at 5000 rpm (SAE). Bore: 2.6''. Stroke: 2.88''. Maximum torque: approx. 9kpm (63 lbs/ft) at 3500 rpm. Compression ratio, nominal: 10 to 1. Fuel: approx. 85 octane. Gear box: 4 forward speeds, 1 reverse. Performance: Maximum speed: 200 km/h (125mph).

Trots att "Projekt Sonett" startade som ett rent hobbyarbete, om än sanktionera av Saab, fick det snart ett eget nummer – 94 – som framgår av bilden ovan på en skylt i en av de senare bilarna i serien.    I USA visades Sonetten upp och gjorde succé. Den amerikanske importören chansade friskt på att Saab skulle seriebygga den lilla bilen. Han lät därför trycka ett broschyrblad, där han lovade inte bara att bilen skulle byggas, utan också i två versioner, för tävlings- respektive gatubruk!

Although the "Sonett Project" started as an advanced hobby project – albeit sanctioned by the management – it was given its own project number "94" as can be seen in the above photo of a sign on one of the later cars in the short series.

20

Även om bilutställningen i Stockholm i mångt och mycket var en svensk affär og Saab chansen att sprida reklam på alla de språk om den sensationella sport-bilen. Till vänster en franskspråkig broschyr. Det diskuterades f ö om man skulle ställa ut Sonetten även i Casablanca och andra exotiska orter.

Even if the Stockholm Motor Show was largely aimed at the Swedish public, Saab already had their eyes on an international public for their sensational sports car. At right a brochure in French. Saab even toyed with the idea of exhibiting the car in such far away places as Casablanca.

Vattentanken till kylsystemet tog upp en hel del plats bakom intrumentpanelen, dvs ovanför benen på de båda åkande. Vid sidan av föraren, bakom framhjulet, fanns bränsletanken. På motsatta sidan placerades batteriet.

The water reservoir for the cooling system took up most of the space behind the instrument panel, above the knees of the passengers. The fuel was located behind the front wheel on the driver's side and the battery on the opposite side.

Ci-dessus: Le prototype de la Saab Sonett Super Sport.
A gauche: Son Altesse Royal le Prince Bertil de Suède (au centre) inspecte la Sonett accompagné par M. Tryggve Holm, Président de la Saab, et M. Rolf Mellde, rallyman suédois renommé et ingénieur en chef du departement d'essais de la section automobile de Saab.

## La
# SAAB SONETT SUPER SPORT

3.500 tours/minute. En construisant la Saab Sonett, la firme automobile aura la possibilité d'éprouver le moteur Saab 93 dans des circonstances exceptionnelles. Un autre détail à souligner, essayer en même temps que la construction de cette nouvelle voiture, le coton de verre (plastique) employé dans la carrosserie de la voiture. Le détail le plus important est peut-être le type de caisse employé dans le montage du chassis. Il a été construit selon les principes d'aéronautique et en métal léger. Ainsi le poids obtenu du chassis n'est que de 71 kgs.

**CARACTÉRISTIQUES:**

| | |
|---|---|
| Poids approximatif ...................................... | 500 kgs |
| Voie avant et arrière .................................... | 1,220 m/m |
| Empattement ........................................... | 2,210 ,, |
| Longueur totale ........................................ | 3,485 ,, |
| Largeur totale ......................................... | 1,420 ,, |
| Hauteur totale ......................................... | 0,825 ,, |

**Moteur:**

| | |
|---|---|
| 3 cylindres | |
| Cylindrée .............................................. | 748 cm³ |
| Puissance réelle maximum (au frein) à 5,000 tm. ......... | 57,5 hp |
| Compression ........................................... | 10:1 |
| Carburant ordinaire (approximativement) ................. | 85 octane |

**Performances: (estimation)**

| | |
|---|---|
| 0 — 80 km heure (appr.) ............................... | 8 secondes |
| 0—100 ,, ........................................... | 12 ,, |
| Départ arrété: 1/4 mile anglais ......................... | 18 ,, |
| ,, ,, : 1 kilomètre ....................... | 34 ,, |
| ,, ,, : 1 mile anglais ..................... | 48 ,, |
| Vitesse maximum (ouverte) ............................. | 160 kil à h. |
| ,, ,, (fermée) ............................. | 200 kil à h. |

La sensation la plus grande de l'exposition Automobile de Stockholm 1956, inaugurée officiellement le 16 Mars 1956 et comprenant plus de 400 modèles différents a été sans aucun doute la nouvelle "Saab Sonett Super Sport" construite par le département automobile de Saab à Trollhättan. Une voiture expérimentale, la Saab Sonett Super Sport a été construite principalement pour enrichir l'expérience de la Saab dans la catégorie des voitures d'avant garde. A l'heure actuelle il n'y a aucun plan pour la production en quantité. En ce qui concerne le chassis, la Saab Sonett est à peu prés construite 100% sur le modèle du chassis Saab 93. La voiture est équipée d'un moteur Saab 93, qui peut atteindre 57,5 hp à 5,000 tours/minute (contre 38 hp dans le modèle standard Saab 93. Le torque maximum est approximativement 65 lbs.ft. (9 kpm) à

Le travail sur cette voiture a été dirigé par Monsieur Rolf Mellde ingénieur principal d'essai pour le département Automobile de Saab à Trollhättan.

# Saab Facett
# – hembygge
# med proffs-
# kvalitet

## ... den har linjer som tilltalar publiken här ...

**Saabimportör på kontinenten**

■ På kontinenten kom en bil kallad Saab Facett att väcka stor uppståndelse. Bilder på den cirkulerade i de stora internationella motortidningarna med berömmande kommentarer, ungefär samtidigt som Saab presenterade bilder på de båda "officiella" prototyperna, signerade Karlström och Sason.

Den tredje prototypen uppfattades på många håll som ytterligare en provbil från Saab, lanserad för att testa publiksmaken.

Mer fel än så kunde emellertid inte de internationella motorskribenterna ha. Bilen var från början till slut ett hobbyprojekt – vars enda anknytning till Saab var att byggaren – Sigvard Sörensson – var anställd på konstruktionsavdelningen i Trollhättan.

Historien började då en av de sex första Sonetterna såldes ut bland de anställda hos Saab i början av 60-talet. Fabriken hade helt enkelt varken plats eller lust att behålla samtliga bilar stående i något garage och för den skull sålde man helt enkelt av några bilar, som man då menade gjort sitt.

Sigvard Sörensson nappade på erbjudandet och köpte en ilsket olivgrön Sonett. Bilen var lindrigt sagt opraktisk och Sörensson funderade på vad han kunde göra för att bilen skulle bli mer användbar.

Sagt och gjort. Den lätta plastkarossen demonterades och så började han jobba på bilens chassi. Bränsletanken flyttades från den tidigare platsen i bakflygeln till en plats mellan bakhjulen där den låg väl skyddad vid alla typer av olyckor.

Motorn byttes ut mot en sportmotor, som passade bättre i vanlig trafik än den ettriga supertrimmade sonettmotorn.

Vid det här laget stod det klart för Sigvard Sörensson att han måste bygga en helt ny kaross – täckt – och det föll sig då naturligare att bygga den i plåt, istället för plast, för att snabbare få bilen körklar.

Eftersom bilen byggdes som ett hobbyjobb saknades givetvis alla de avancerade verktyg för karossbearbetning

*"Den Saaben kom bort",
skrev Teknikens Värld när
man 1965 presenterade Sig-
vard Sörenssons hembygge
kallat Facett. Bilens linjer har
i vissa stycken dikterats av att
byggaren bara hade tillgång
till enkla handverktyg – men
resultatet skäms knappast för
sig i alla fall.*

*Sigvard Sörensson, an enter-
prising Swede built this sports
car based on Saab Sonett con-
cept in 1965. He called it Fa-
cett and despite its lines being
dictated by the simple hand-
tools at his disposal the car
looked quite professional.*

*Strålkastarna placerades på
"styltor" och måste monteras
på plats innan bilen kunde
köras i mörker. Under kör-
ning i dagsljus låg strålkastar-
na nedfällda under motor-
huven.*

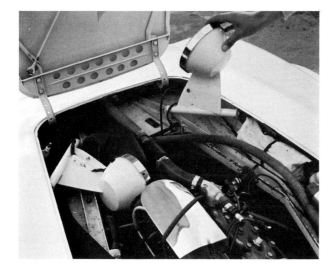

*The headlights were mounted
on struts that had to be put in
place before driving at night.
During daylight, the head-
lights were tucked away un-
der the hood.*

som krävs vid professionella karossbyggen, men med hjälp
av vanliga, enkla handverktyg formade Sörensson under
många och långa timmar karossens delar, som sedan svet-
sades samman. Material och – främst – verktyg, dikterade
bilens form, med stora relativt plana ytor, begränsade av
skarpa bockningar.

– Jag valde plåt från 0,6 till 1 mm, eftersom den är lätt
att jobba med, förklarade han när bygget visades upp i
mitten av 60-talet.

Vad han då skapat var en mycket smäcker täckt GT-
vagn, vackert rödlackerad. Nosen var extremt låg, så låg
att det inte fanns någon möjlighet att placera strålkastare
på vanligt sätt. I stället sattes de på fällbara ben. För att
tända ljuset krävdes att man stannade, gick ut och öppna-
de motorhuven, varpå strålkastarna kunde fällas upp. Hu-
ven stängdes så och färden kunde gå vidare även i mörker.

Bak frapperade en enkel lösning av hur bagageutrym-
met skulle bli åtkomligt. Hela bakrutan, plus vad som vore
normalt som bagagelucka, hade gjorts öppningsbar – pre-
cis på samma sätt som tio år senare kombi-kupén kom att
se ut. Då först blev den på modet inte minst hos Saab.

Det tog Sörensson två år att förverkliga sin bildröm.
Bilen kom att användas både som familjebil och som
racer.

Så småningom tröttnade han på den – för nya projekt.
Bilen såldes och den nye ägaren nyttjade den hårt – så hårt
att bilen totalförstördes i en trafikolycka.

Därmed slutar historien om såväl Sonetten med chassi-
nummer fyra, som den unika Facetten.

Facetten var däremot inte den enda Saabsportvagnen
Sörensson hade på gång. Som mellanmodell skissade han
på en bakhjulsdriven sportvagn. Han placerade ett kom-
plett drivpaket – motor, växellåda och framvagn – baktill i
bilen med låst styrning! På så sätt hamnade motorn på den
för en tävlingsbil bästa platsen – mitt i bilen – utan att han
behövde ta till några komplicerade specialdelar.

Projektet avancerade så långt att en första bil byggdes
och provades med gott resultat.

*Facetten var en föregångare till senare tiders kombikupéer.*

*The Facett was a forerunner of the hatch back idéa popular many years later.*

# The bitter end ...

# Var finns de nu?

### Nummer ett:
### INVANDRAREN

Den första Sonetten i serien hamnade i USA. Där kom bilen efter ett antal år att "restaureras" – tyvärr med resultat att den blev långt elegantare än den någonsin varit från början. Numera har bilen återbördats till Saab och finns i företagets museum i Trollhättan. Bilen är vit med röd klädsel.

### Nummer två:
### AGENTBILEN

När Saab startade biltillverkningen garanterade bilkungen Gunnar V Philipson projektet genom att köpa hela 8 000 Saab 92:or, som han betalade i förskott, och därmed blev han Saabs första generalagent. Man fick också en Sonett att använda som publikdragare hos företagets återförsäljare. Så småningom hamnade den tegelröda bilen på företagets museum i Sollentuna.

### Nummer tre:
### PRIVATBILEN

Den röda bilen med chassinummer tre finns också som sig bör i närheten av Saabfabriken i Trollhättan, men hos en privat samlare. Denne köpte bilen, då Saab i början av

60-talet sålde ut sina provbilar. Bilen är inregistrerad, och har under årens lopp gått runt 25 000 km. För att passa det svenska klimatet försågs den under en period med topp från en Triumph Spitfire!

## Nummer fyra:
## OLYCKSBILEN

Fyran – från början grön till färgen – såldes liksom trean, i början av 60-talet. Den byggdes om till den Facett, som beskrivs på sidorna 22–25. Facetten råkade ut för en olycka och skrotades. Vissa delar finns dock bevarade, men de är så få att chansen att fyran ska återuppstå är obefintliga.

## Nummer fem:
## MUSEIPJÄSEN

Saab har ännu en Sonett i museet – en blå. Den är i utmärkt kondition och tas emellanåt fram för att köras i olika sammanhang. Bilen är ovanlig i så måtto att den är treväxlad – men har golvväxel.

## Nummer sex:
## UTVANDRAREN

Sexan, vit med blå rand, finns sedan 1971 hos en samlare på USA:s östkust. Ägaren tar emellanåt ut sin dyrgrip och kör den i trafik, eftersom den är inregistrerad – med nummer SONET I! Innan bilen lämnade Saab användes den bl a för att dra kunder till återförsäljarna, bland vilka den turnerade runt och visades upp.

# KAPITEL TRE

# Quantum – den felande länken

## Se till att den byggs – men snarast!
**Amerikansk marknadsundersökare**

I början av 60-talet hade Saab det besvärligt i USA. Vi har talat om det här förut: Återförsäljarna ville ha en tuff bil, som lockade folk till dem. – Kommer de väl in i lokalerna lär vi säkert också kunna sälja vanliga vardagsbilar till dem!

På Saab hade man ännu inte någon bil av den här typen på gång – men i USA planerades en bil, som skulle ha kunnat bli den första produktions-Sonetten.

Mannen bakom bygget var Walter Kern, atomfysiker vid en teknisk högskola. Han hade varit intresserad av sportvagnar under många år och beslöt bygga sin egen bil. Han fastnade snart för tvåtaktsmotorn och dess möjligheter och ett närmare studium av Saabs familjebilar gav vid handen att en rad komponenter skulle kunna användas.

– Jag vill understryka att det bara var fråga om ett rent hobbyjobb – enbart för skojs skull, säger Kern. Jag hade ingen anknytning till Saab även om jag under bygget kom att få en hel del hjälp.

Orsaken till intresset för tvåtaktaren var enkel: Många sportvagnsförare råkade den här tiden ut för dyra motorhaverier sedan motoroljan pressats mot oljetrågets kanter av centrifugalkraften vid snabb körning i tävlingsbanornas långa, sugande kurvor.

– Dessutom blev det en punkt mindre att kontrollera för amatörracerföraren, berättar Walter Kern.

För att få en bra viktfördelning i bilen placerades drivaggregatet bak och fram i bilen – precis som i den första Sonetten, se sidan 6. Motorn måste därför rotera baklänges, vilket inte heller här vållade några problem med tvåtaktaren. Drivningen till fördelaren modifierades. Svårare än så var det inte att byta rotationsriktning på motorn.

Kern hade som mål att bygga en bil som var helt neutral i alla situationer. För att testa sina teorier om hur chassit skulle byggas, utnyttjade han på lunchraster och kvällar datorresurserna på sitt arbete. Den gigantiska IBM-datorn gav snabbt klarsignal: Den tänkta konstruktionen skulle fungera perfekt i praktiken.

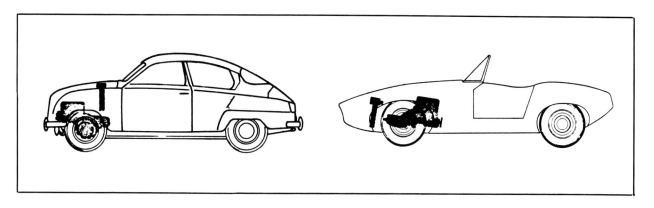

*Bilden visar tydligt fördelen med att vända motor och växellåda bakfram i bilen, så motorn hamnar bakom framaxeln. Teckningarna här intill – hämtade från en artikel i en amerikansk tidning som lyriskt beskrev den nya bilen – visar skillnaden i motorplacering mellan en Saab 93 och en Quantum.*

*This picture illustrates clearly the advantage of installing the powertrain front-to-back, with the engine ahead of the front axle. The adjacent drawing is from an article in a US magazine that described the new car in glowing terms – it shows the difference in engine mounting between a Saab 93 and a Quantum.*

Det här var 1958. Datorberäkningar av bilkonstruktioner var då ovanliga och att någon amatör skulle ge sig på sådant – ja, det var helt unikt!

– Vi funderade på att placera in bränsletanken under stolarna, för att inte viktfördelningen och därmed bilens balans skulle ändras, då bränslenivån sjönk, drar sig Walter Kern till minnes. Nu blev det inte så – i stället placerades en vanlig bränsletank in baktill i rörarmen.

Det första exemplaret lackerades skinande vitt och ställdes ut i Saabmontern på bilutställningen i New York 1962, efter fyra års arbete av Kern och hans medhjälpare.

Bilen blev entusiastiskt bemött – men vad få visste var att bilen inte gick att köra! Den hade en ram av aluminium och kunde bara rullas försiktigt för hand.

– Vi rullade den själva för säkerhets skull – vilket orsakade problem med facket, säger Kern.

Som blickfång dög bilen trots allt bra, och utställningsbesökarnas intresse minskade inte då Saab i USA kunde meddela att den nya sportvagnen Quantum Saab skulle börja produceras:

**Produktionen kommer att starta på senhösten 1963. Bilen kommer att säljas hos auktoriserade Saabhandlare och kommer att ha samma garantier som vanliga Saab-bilar,** **dvs 24 månader på motorn, sex månader på resten av bilen. Priset kommer att bli 2 995 dollar i New Haven.**

En fotnot angav försiktigt att det rörde sig om ett beräknat pris och att skatter, liksom frakt, tillkom.

Trots allt demonterades den här första bilen. Plastskalet behövdes för att få fram gjutformar för den kommande produktionen. Ramen blev en tid hängande bland takstolarna hos Saab i New Haven.

Prototyp nummer två – röd – var däremot körbar, men saknade en del innerväggar. Den användes för körprov och dög bra för sitt ändamål. Den dög till och med så bra att den fick göra tjänst som tävlingsbil, då den kom att utklassa några betydligt tuffare konkurrenter – Jaguar, Corvette och Triumph – tack vare framhjulsdriften som gav ett övertag i dåligt väglag.

Bil nummer tre – också den röd – användes på några bilutställningar, innan den skeppades till Sverige för granskning av Saabs tekniker. Att Saab skulle titta på bilen var närmast en ren formsak. Ralph Millet, bas för Saab i USA, skrev ett brev till Rolf Mellde där han entusiastiskt berättade om den nya bilen som var på väg i en plywoodlåda till Trollhättan:

– Vi är alla mycket intresserade av det här projektet och

jag hoppas du ger det en noggrann och omsorgsfull pröv-
ning och att dina kommentarer blir fördelaktiga, stod det i
brevet till Mellde.

Så småningom anlände Quantum-sportvagnen. Tekni-
kerna i Trollhättan började skärskåda den lilla öppna
sportvagnen med den eleganta plastkarossen.

Samtidigt startade en marknadsundersökning i USA.
220 sportvagnsägare frågades ut om vad man ansåg om
Quantum, jämfört med dåtidens aktuella sportvagnar

Till en början fick "offret" se en elegant färgbild, en
teckning av bilen i dess mest fördelaktiga vinkel, och man
tillfrågades om vad man trodde bilen kostade, vad den
hade för prestanda osv.

Marknadsundersökarna menar att man fick fram klara
besked om att Quantum skulle gå en lysande framtid till
mötes, men gräver man i deras undersökningsresultat är
synen på Saabsportvagnen kanske inte fullt så positiv.

98 procent ansåg att golvväxel vore självklar i en sådan
bil – Quantum hade rattväxel. Många ansåg att de knap-
past skulle komma att köpa en sådan bil på grund av två-
taktsmotorn och den låga effekten – man lät intervjuoffren
jämföra med en MGB.

– Den som köper den här bilen vet inte mycket om
sportvagnar, menade en som frågats ut om Quantum.

– Knappast en bil någon konservativ köper, menade en
annan.

– En individualistbil, sade en tredje och tillade att det
kanske var en bil för den som sökte ett sätt att visa sin
ungdomlighet...

Trots allt fick marknadsundersökarna i sin sammanfatt-
ning fram att den här bilen borde vara en lätt match för
Saabhandlarna att sälja i stora kvantiteter.

– Bilen är bättre än sportvagnarna Ford Mustang och
Chrysler Valiant (!) som kostar ungefär lika mycket. Med
rätt annonsering och matchning kommer den första året
att säljas i tusen exemplar utan vidare. Efter fem år kom-
mer den att säljas i runt 5 000 exemplar årligen, menade
marknadsundersökarna och slutade fritt översatt sin rap-

*Bilden t v visar hur Quan-
tums ram byggts upp av rör i
olika dimensioner. Motorn
byggdes in i ramen och var
därmed svår att komma åt för
service.*

*Picture showing how the
Quantum chassis frame was
constructed from a vast num-
ber of tubes of various sizes.
The engine was built into the
frame and was difficult to
change or even reach for
repair work.*

Här växer den första Quan-
tumbilen fram. Vindrutan är
som synes ett problem. En
vanlig Saabruta har gillrats
ovanpå karossen – en lösning
som knappast dög till annat
än för just den här fotografe-
ringen.

The first Quantum car takes
shape. As can be seen, the
builders had problems with the
windshield. A standard Saab
windshield has been provi-
sionally fitted to the body –
hardly suitable for anything
more than the photo session
which resulted in this picture.

# Så var det tänkt ...

När marknadsundersökarna gick ut och frågade ett stort antal sportvagnsentusiaster vad de tyckte om den nya amerikanska Saabsportvagnen fanns varken bilen eller bilder på den – bara den här eleganta teckningen vars ilsket röda färg gjorde att bilen såg ytterst attraktiv ut.

When a market research company queried a large number of sport car enthusiasts about their impressions of the Saab Quantum project, they had neither a car nor photos – only this elegant drawing in which the screaming red color helped to make the car extremely appealing.

# ... och så blev det:

Vid bilsalongen i New York delade Saabs amerikanske återförsäljare ut ett pressmeddelande – nedan – om den nya sportbilen. Här gav man inte bara alla data om bilen, utan också pris, leveranstider och så vidare. Givetvis tog man också chansen och poängterade att Quantums konstruktör valt att jobba från Saabdelar tack vare standardbilens överlägsna väghållning.

**Press Information**

SAAB MOTORS, INC.
100 Waterfront Street
New Haven, Conn.
Tel: Area Code 203—HO 9 2331

## QUANTUM SAAB

### INTRODUCTION

The Quantum SAAB you see here at the New York Automobile Show is the result of four years of engineering and design data gathered by Mr. Walter Kern. Mr. Kern originally conceived the idea of a front-wheel drive, small, light-weight, safe, two-passenger sports roadster. It was natural for Mr. Kern to pick the basic SAAB power plant and running gear because of his past knowledge of SAAB's superior road holding and outstanding performance which he experienced as a SAAB owner.

### GENERAL DESCRIPTION

The car features a nearly pure aerodynamic body shell of reinforced fiberglass weighing less than 100 lbs., yet it is stronger than a comparable steel shell. The light-weight tubular steel frame gives the car a low-curb weight without detracting from the torsional rigidity that is required in a sports racing machine.

Standard SAAB 96 suspension components are used along with the SAAB engine and a four-speed gear box as standard equipment.

### SPECIFICATIONS

Engine - 3 cylinder, 2-stroke cycle, 841 cc, developing 42 bhp at 5,000 rpm with a maximum of 59 ft/lbs. of torque at 3,000 rpm.
Bore - 2.760 inches          Stroke - 2.870 inches
Compression ratio - 7.3/1

### SUSPENSION AND BRAKES

Four-wheel independent suspension with self-stabilizing rear axle assembly. Damping is accomplished with four hydraulic telescopic shock absorbers. The total brake lining area - 105 sq.in.

### GENERAL

Light-weight reinforced fiberglass body shell. Tubular steel chassis with intergrated sheet metal panels. Front-wheel drive counterclockwise engine rotation.

### PRICE AND DELIVERY

Tooling for the Quantum will allow production to commence in the late fall of 1963. The car will be marketed through authorized dealers and will carry the same basic broad Warranty that the Standard SAAB car enjoys; i.e., 24 - 24 on power train, 6 - 6 on the remainder of the car. Retail delivery price F.O.B. New Haven - $2,995*.

* - Estimated Price - state, local tax, and transportation extra.

När bilen äntligen stod klar och visades upp på bilsalongen i New York kunde den inte köras – knappast ens rullas – och karossen hade helt andra drag än dem som marknadsundersökarna visat på sin teckning. Vindrutan var en standard Saabruta i en inte alltför elegant inramning.

When the Quantum Saab was ready and taken to be displayed at the New York Auto Show, it could not be driven - it could hardly be rolled on its own wheels - and the body had lines which differed completely from those the market researchers had shown in their drawing.

port: Se till att Quantum börjar säljas så snart som möjligt.

Nu var teknikerna i Trollhättan inte inne riktigt på den linjen. I klartext tyckte man att Quantum var en riktigt dålig bil.

– Man ska nog inte nöja sig med att bara databeräkna en bils egenskaper, kommenterade Rolf Mellde det amerikanska bygget. Kom ihåg att Ford använde samma metod då man byggde racersportvagnen GT 40. Enligt datorerna var den helt perfekt, men när bilen skulle köras visade det sig att den helt enkelt blev luftburen, långt innan den nådde toppfart...

Tillverkaren hade skickat med en lista på 44 anmärkningar som skulle åtgärdas på senare bilar – men Saabfolket hittade 54 fel till!

– Fattas bara annat, vi hade ju aldrig sysslat med bilbyggen förr, menade Walter Kern.

Det var fel av varierande allvarlighetsgrad. Från omöjliga hjulvinklar som förmodligen inte skulle märkas under körning, men väl på däckslitage, till att bilen läckte som ett såll. Att instrumenteringen fungerade dåligt kanske inte gjorde så mycket – instrumenten satt i alla fall så illa placerade att de knappast gick att läsa av.

Körmässigt imponerade inte Quantum heller. Saab hyrde Karlskogabanan i augusti 1963 och jämförde där Quantum med Triumph Spitfire, en bil som man menade låg närmare till hands att jämföra med än den MGB man i USA ansåg att bilen skulle konkurrera med.

Med standardmotorn visade sig Quantum komma på efterkälken ordentligt, men med den vassare sportmotorn kom den inte bara ikapp – den blev till och med snabbare än Spitfiren. Ur ett provprotokoll citerar vi:

**Vid provkörning på landsväg framkom att bilen har ytterst bristfälligt väderskydd. Avsaknaden av sidorutor leder till kraftigt vinddrag i bilen och risk för att de egna avgaserna sugs in. Den bristande avskärmningen av motorrummet gjorde att bensin och oljedofter kom in i passagerarutrymmet och vid gasutsläpp kunde det hända att blå oljerök strömmade in genom öppningarna vid pedalerna. Vid**

*När Saab provade Quantum här i Sverige lät man också prins Bertil ta en provtur.*

*When the Quantum was road-tested in Sweden, Prince Bertil was given chance to drive it.*

*För att ge ett någorlunda väderskydd kunde Quantum förses med sufflett. När man bromsade sköljde dock vatten från bilens bakparti upp över ryggarna på de åkande, noterades i en provrapport.*

*To provide a minimum of weather-protection, the Quantum was fitted with a soft top. However, when braking in wet weather, water from the rear was thrown up over the backs of the occupants, noted a test report.*

*Diagrammet visar accelerationsvärdena för Saab Quantum, jämförd med ett par andra bilar. Till skillnad från de amerikanska marknadsundersökarna ansåg Saabs tekniker att det var lämpligast att matcha bilen mot Triumph Spitfire som den utan vidare slog med sportmotorn under huven, men inte med en standardmotor.*

*A diagram showing acceleration curves for the Quantum, in comparison with a couple of other cars. Unlike the US market researchers, Saab's engineers felt that the Quantum should be matched against a Triumph Spitfire which it could outpace with the sport engine but not with the standard unit.*

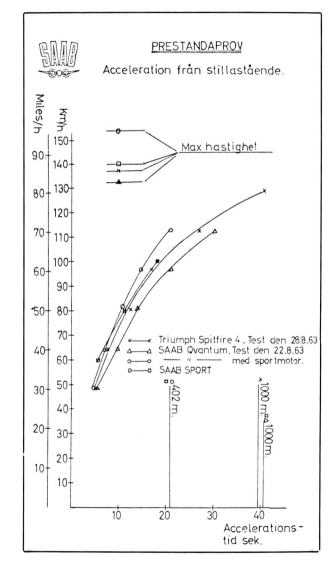

SAAB

PRESTANDAPROV

Acceleration från stillastående.

Max hastighet

Miles/h Km/h

×——× Triumph Spitfire 4 . Test den 28.8.63
△——△ SAAB Qvantum. Test den 22.8.63
○——○    "      "      med sportmotor.
□——□ SAAB SPORT

402 m.

1000 m. 1000 m.

Accelerations-tid sek.

bromsning i regnigt väder sköljde vatten över de åkandes ryggar.

En av de få utomstående som fått chansen att köra Quantum i Sverige är Prins Bertil, eftersom han besökte Saab just när proven med sportvagnen pågick.

– Prinsen var inte imponerad, berättar Rolf Mellde.

– Bilen ser ju snygg och trevlig ut, anmärkte Gunnar Ljungström, Saabs legendariske konstruktör, när han tittat på bilen. Han noterade dock direkt att de rör, som använts till ramen, var på tok för klumpiga.

– Ramen är mer än tillräckligt styv och på de allra flesta punkter starkare än erforderligt, noterade han.

Rören som bildade sidobalkar borde kunna tillverkas av tre tum grova rör istället för de femtums, som använts för säkerhets skull! Trots den överdimensionerade ramen vägde inte Quantum mer än 685 kg fulltankad men utan förare. Viktfördelningen var 400 kg fram, 285 bak.

Slutet på Quantum-affären blev en diger lunta från utprovningsavdelningen.

Vi citerar en av punkterna i sammanfattningen:

**Quantum är som turistbil betydligt mindre tilltalande än Saab Sport och Triumph Spitfire. Den har hög ljudnivå, ger mycket dåligt skydd mot vind och regn, är svår att stiga in i och ut ur, har mycket litet bagageutrymme, har mindre elegant inredning, är mindre bekväm beträffande allmän komfort samt har sämre funktion på vissa manöverorgan (såsom växelspak och kopplingspedal).**

Klarare än så kan man knappast ge dödsdomen över en sportvagn och mycket riktigt kom Quantum med chassinummer 102 att ställas undan i ett förråd. Efter ett par år skeppades den tillbaka till USA och därmed upphörde Saabs intresse för sportvagnen.

Den kom emellertid att få många på Saab att fundera över hur en sportvagn av den här typen egentligen borde vara beskaffad och funderingarna kom i sinom tid att leda fram till en mer känd Saabsportvagn – Sonett II.

# KAPITEL FYRA

# Saab Lightburn – Äventyret i Australien

**Utan tvekan en succé**

Brevkommentar från Saab 1960

I slutet av 50-talet startade ett projekt, som så här efteråt kan förefalla nog så fantasifullt, men som då var blodigt allvar.

Tanken var att bygga en Saabsportvagn – i Australien!

Ett företag, Lightburn & Co i Adelaide, hade intresserat sig för den svenska lilla bilen och föreslog Saab att man skulle starta ett samarbete för att bygga en bil i Australien. En öppen sportvagn var den biltyp som ansågs mest lämpad för marknaden där. Saab nappade snabbt på idén.

Orsaken var inte ett överdrivet intresse för att bygga just en sportbil. Saab såg det här som en möjlighet att komma in med namnet på den australiska marknaden, där det annars var nära nog omöjligt för utländska tillverkare att slå sig in. Importen kvoterades efter hur många bilar man tagit in föregående år, och därmed spärrades gränserna effektivt för märken, som inte tidigare varit representerade.

Den australiska firman jobbade fram en skiss på hur bilen borde se ut och byggde en modell i fjärdedelsskala. Resultatet var knappast fantasieggande och gav framför allt inte någon anknytning till släktskapet med Saab – egentligen var det bara hjulens storlek som skvallrade om saken.

På Saab lät man en egen formgivare – Gunnar A Sjögren – finslipa skisserna från Australien, för att göra det bästa möjliga av designförslaget och i slutet av 1960 var han klar med sitt jobb och returnerade materialet till Lightburn & Co.

Då förlorade man plötsligt intresset för hela affären där och lät projektet rinna ut i sanden, varför drömmen om att bygga en svensk sportvagn i Australien dog i och med detta.

I dag finns bara kvar några skisser av den tänkta sportbilen i Saabs arkiv.

Tyvärr är de flesta skisserna bara kopior, gjorda långt innan kopieringstekniken blivit vad den är i dag, vilket är förklaringen till att några av skisserna på följande sidor inte har allra bästa kvalitet.

Saabs planer på en sportvagn, producerad i Australien kom aldrig längre än till bl a den här skissen, signerad Gunnar A Sjögren som ritade om ett förslag presenterat av de förhoppningsfulla bilbyggarna från jordklotets andra sida. Skissen ger besked om att bilen i mångt och mycket skulle ha kommit att påminna om bl a MG Midget. Någon Saabanknytning hade den däremot inte – bortsett från de stora hjulen.

Saab's plans to build a sports car in Australia never got further than this drawing by Gunnar A Sjögren who redesigned the first proposal submitted by the hopeful car-builders down under. The drawing indicates that a resulting car would have in many ways resembled an MG Midget, with little relationship to Saab other than the large wheels.

As the styling
in general is without
straight lines and sharp edges
the best harmony will be
achieved if also the grille
contour is smoothly curved

Top of hood and grille slightly V-shaped

This grille design would have
given the Australian sports
car a slight resemblance to the
Saab family.

38

*Om än utan Saab-anda var i alla fall Lightburn tidstypisk. Titta bara på fenorna, som var karaktäristiska för den här perioden, liksom kromblänket. Skissen är svensk, men baserad på ett förslag från Australien, som inte vann hundraprocentigt gehör i Sverige.*

*There may not have been much of Saab lines, but the Lightburn proposal from Australia was typical for the time. Look at the fins which were characteristic for this era. The drawing was made in Sweden on the basis of the Australian concept which never gained one hundred per cent appreciation in Trollhättan*

## KAPITEL FEM

# Jabro-Saab
# En bakhjuls-
# driven Saab!

Jabro-Saab är en unik skapelse. Inte bara att den är praktiskt taget okänd här i Europa – den är också den enda bakhjulsdrivna Saab som byggts! Historien om bilen blir inte sämre av att den från början byggdes för att förses med en utombordsmotor som drivkälla!

Jabrobilarna byggdes i USA i slutet av 50-talet. De var enbart avsedda för tävlingsbruk och hade motorn fram i en lätt rörram, täckt av en plastkaross.

Byggherrarna, Ed Alsbury och James Broadwell – det var från den senares namn bilen fick sitt namn Jabro – siktade på en typ av tävlingar som var mycket populära i USA vid den här tiden. Man tävlade med specialbyggen, som till det yttre såg ut som vanliga sportvagnar.

En lämplig drivkälla hittade man då i en Mercury utbordare – men så fick man upp ögonen för Saabmotorns möjligheter. Tvåtaktaren visade sig vara som klippt och skuren för den här klassen och gjorde succé.

Jabro-Saab såldes som en byggsats. Köparen fick ram och kaross plus en ritning och byggbeskrivning för att kunna förfärdiga sin egen racersportvagn. Totalt byggde till-

*Jabro är en udda Saab – den är bakhjulsdriven. Bilen såldes på sin tid som byggsats där byggaren själv fick skaffa bland annat motor, efter vad man hade för önskemål.*

*Jabro is a unique Saab – rear-wheel-driven. It was sold as a kit car and the builder had to find a suitable engine and other equipment to put in it.*

## ... den får alla att komma och titta ...

**Jabro-Saab-ägare**

verkarna runt tvåhundra ramar och karosser – men hur många som kom att byggas färdiga är oklart. Förmodligen stupade de flesta på alla de svårigheter som uppstår när den blivande bilen ska förses med alla de detaljer som ska fungera, inte bara var för sig, utan också tillsammans.

Bilen på bilderna är ett typexempel på hur Jabro-Saab kunde se ut. Ram och kaross är alltså tillverkade av Jabro. Motorn kom från en Saab medan hjulupphängningarna hämtades från en skrotad formula junior. Växellådan och kardanaxeln hämtades från en Austin Healey ...

Trots allt fortsatte tillverkningen av Jabrobyggsatserna. James Broadwell hoppade av företaget 1959 men Ed Alsbury fortsatte ett antal år. 1960 lanserade han en ny modell med svansmotor. 1966 upphörde tillverkningen helt.

Jabro var inte den enda bilen med Saabmotor, byggd efter det här receptet. Bugsy är ett annat amerikanskt märke som emellanåt nämns i Saabsammanhang. Även här rörde det sig om en byggsatsbil, främst för tävlingsbruk, där det emellanåt hände att byggarna valde Saabs tvåtaktsmotor, men betydligt vanligare lär engelska Fordmotorer – ibland Lotustrimmade – ha varit.

# KAPITEL SEX

# Förutsättningar för seriebygge

## – Den måste ha värme ...

### Konfidentiellt meddelande

I början av sextiotalet stod det klart hos Saabledningen att det trots många tvivel skulle vara vettigt att satsa på en liten sportvagn. Den skulle byggas till största delen på komponenter från standardbilarna.

Som vanligt nöjde man sig inte med konventionella lösningar. I förutsättningarna skissade man kraven på den nya bilen och där noterades bland annat att bilen skulle ha "avlyftbart tak (endast fristående störtbåge kvar när tak demonterats)".

Bra väghållning var ett naturligt krav från en fabrik med sådana traditioner och "goda väghållningsegenskaper (likvärdiga eller bättre än Saab Standard)" noterades i kravspecifikationen.

Likaså ansågs att golvväxel och rejält bagageutrymme var viktiga detaljer för att en sportbil skulle kunna göra succé bland köparna.

När man gått igenom alla krav och studerat förutsättningarna för en produktion av en liten sportbil, stod det snart klart att man borde få in utomståendes synpunkter och det hela slutade med att två prototyper kom att byggas av olika företag och med helt skilda slutresultat.

På följande sidor ska vi berätta mer om hur de båda experimentbilarna växte fram.

# Catherina – designerns gör-det-själv-bil

**– Vi hade en Ferrari som förebild.**

Björn Envall, formgivare

Alla biltillverkare låter sina formgivare "leka" med nya former. Oftast blir det inte något av experimenten – men ibland kan någon liten detalj leta sig fram till en kommande modell.

Det brukar däremot tillhöra sällsyntheterna att en tillverkare visar upp ett experiment från en formgivare – ett experiment som aldrig blev just mer än ett försök.

Saab har gjort ett undantag, med den bil som i vardagslag kallas Sason-Sonetten efter sin designer Sixten Sason.

Historien brukar beskrivas som att Saab lät Sason och Björn Karlström göra var sitt förslag till en ny sportvagn. Företagsledningen valde sedan mellan de båda och man föll då för det Karlströmska förslaget och Sixten Sasons bil – som var fullt körbar – förpassades till samlingen av gamla bilar hos Saab i Trollhättan.

Till en del är detta sant – men det ligger betydligt mer i historien än så. Faktum är att Sixten Sason – som gett Saabbilarna deras former redan från de första prototyperna – egentligen funderade på att bygga en egen privat liten kupé. Det var alltså inte fråga om någon bil som skulle seriebyggas utan Sason, som vid den tiden fortfarande hette Andersson i efternamn, var bara ute efter ett bygge i ett enda exemplar!

Eftersom bilen skulle bli hans egen ville han samtidigt testa en del nya idéer, varav några kan förefalla halsbrytande i sin genialitet.

Ett exempel: Ju högre upp halvljusstrålkastarna placeras, desto längre räckvidd får ljuset.

– En typiskt sasonsk lösning blev därför att placera den låga sportvagnens strålkastare högst upp – uppe på taket, berättar Björn Envall, som på den tiden arbetade som assistent åt Sason, för att senare bli Saabs chefdesigner.

Sason jobbade vidare med sin privata bil. Det gjordes åtskilliga skisser och byggdes flera skalamodeller – varav en finns bevarad i Saabs samlingar.

Det var vid det laget tankarna på en seriebyggd sportvagn från Saab började växa fram och företagsledningen

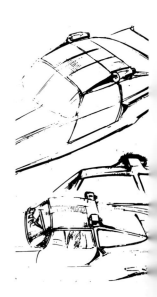

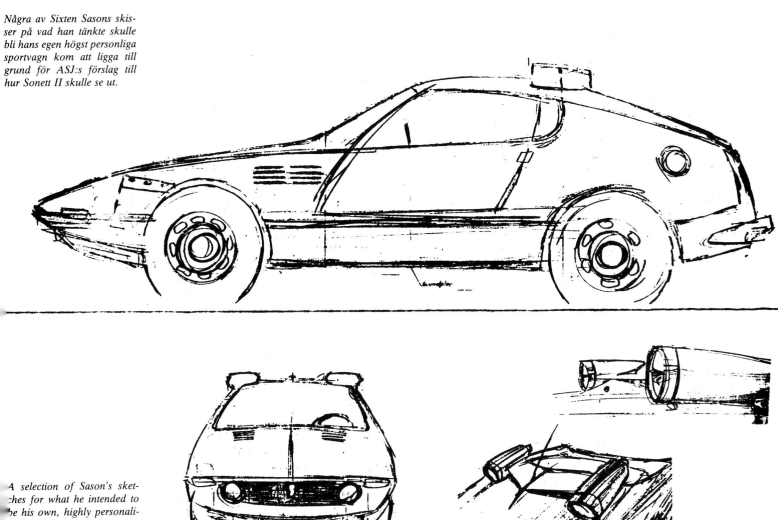

*Några av Sixten Sasons skisser på vad han tänkte skulle bli hans egen högst personliga sportvagn kom att ligga till grund för ASJ:s förslag till hur Sonett II skulle se ut.*

*A selection of Sason's sketches for what he intended to be his own, highly personalized, sports car. These were later to become the basis for the ASJ Sonett II prototype.*

fick upp ögonen för vad som pågick i "Ladan" – Saabs formgivningscentrum.

Nu gällde det för Sason att inte längre bygga bara en bil för eget bruk, utan också en prototyp till en sportvagn, en prototyp som dessutom skulle få konkurrens av en annan formgivares förslag.

Dessutom hade han tiden att kämpa emot. Tidsgränsen hade satts snävt, men när man körde igång på allvar i januari 1963 fanns det möjlighet att dra nytta av den provtillverkning som pågick vid sidan av linan inför introduktionen av den nya 96:an.

Den sista lördagen i maj kunde några edsvurna män från ASJ i Katrineholm, som skulle svara för bygget, hämta de nödvändiga plåtdelarna från Trollhättan. Tanken var att så mycket som möjligt av chassidelarna skulle tas från den kommande 96-modellen, för att få ned kostnaderna för sportvagnen.

Redan under sommaren byggdes det första körbara chassit och försågs med en enkel påbyggnad för att utprovningsavdelningens folk skulle kunna börja göra de första körproven med "bilen". Bland annat hade den försetts med en högst vanlig vindruta, hämtad från 96:an, medan det varit Sasons tanke att sportvagnen skulle få en djärvt välvd vindruta liknande den som senare lanserades på 99:an.

Orsaken till likheten i linjerna med 99:an är för övrigt inte en slump – sportvagnsprototypen ritades ungefär samtidigt som Sason jobbade som hårdast med "projekt Gudmund", dvs den bil som kom att bli 99:an.

Det visade sig att den betydligt planare 96-rutan mycket väl gick att komponera in i sportvagnens linjer, och så fick det bli, trots att man blev tvungen att börja om med byggandet av den så kallade spantrutan, som skulle ge formen dess linjer.

Under höstmånaderna började modellen – den "plugg" karossformen skulle tillverkas på – växa fram under erfarna modellsnickares händer.

*Lermodellerna till ASJ-bilen avslöjar tydligt att Sixten Sason ritade den här sportvagnen samtidigt som han jobbade med Saab 99. Formerna hos de två bilarna har mycket gemensamt. Den lilla modellen visar också att bilen egentligen skulle ha fått en mer rundad vindruta än den sedan fick. Orsaken till utbytet var helt enkelt brist på tid.*

*The clay models of the ASJ car clearly revea[...] that Sixten Sason was working on the 99 at th[...] same time as he was developing his sports ca[...] design. The two shapes have a lot in common[...] The small model indicates that he intended t[...] give the car a more panorama-styled windshiel[...] than it ultimately had. The reason for sticking t[...] the standard unit was a lack of time.*

Bakifrån har Sasons Catheri-
na en hel del drag gemensam-
ma med Studebaker Avanti.
Taket är lätt demonterbart
och passar upp och ned under
bagageluckan – där det stjäl
obetydligt av bagageut-
rymmet.

Seen from the rear, Sason's
'Catherina'' showed a resem-
blance to Raymond Loewy's
Studebaker Avanti. The
hard-top roof could easily be
lifted off and stored, upside-
down, in the luggage com-
partment where it stole a mi-
nimum of space.

45

Modellen blev nästan helt färdig och det började gå att gjuta av den för att få negativa plastgjutformar till framställningen av den första riktiga karossen. De riktiga delarna monterades samman, försågs med plåtdetaljer, inredning, ledningar och rör – ja alla de tusen och en detaljer som krävs för att en bil ska fungera.

En normal sportmotor fick inte plats under huven, trots dess bulliga form. En granskning visade att det var kylaren som var den kritiska punkten. En lägre kylare var inte något problem att ordna – men vad göra åt fläkten?

Problemet löstes lika enkelt som genialiskt. Fläkten togs helt enkelt bort från motorn. En liten fläkt monterades på generatorn och den visade sig helt tillräcklig för att klara kylningen!

För enkelhetens skull användes en vanlig standard bensintank. I stället för att göra en komplicerad lucka över locket under vänster bakflygel fick röret sluta uppe under skärmen. För att tanka prototypen måste en lucka i sidan av bagageutrymmet lossas och med hjälp av en tratt kunde man med möda fylla tanken.

Den lokale guldsmeden fick i uppdrag att ur en silverplåt såga ut namnskylten som skulle placeras på instrumentpanelen. Catherina skulle bilen heta – dels för att en schlager med det namnet var örhänget just då, dels för att placera Katrineholm på listan över orter där bilar byggdes...

I slutet av januari 1964 hade man en hygglig bild av hur framställningen fortskred och man visste om alla jobbade sju dagar i veckan, skulle den första bilen kunna vara klar den 15 februari – kanske.

Då kom beskedet. Bilen måste vara klar att visas upp för Saabs styrelse den nionde!

En av två återstående veckor försvann alltså, men ingen gav sig tid att fundera över hur det skulle klaras. Hur det gick till vet knappt någon – men en sak är säker – det jobbades rejält på övertid under den här vinterveckan i den hemliga lokalen i Katrineholm.

Mycket riktigt. Bilen stod klar i tid och kunde avtäckas vid visningen i danslokalen Cupol i Linköping – men det lär ha hängt på minuterna...

Ännu så länge förblev bilen en hemlighet för alla utom Saabledningen – och de få utvalda som jobbat med projektet.

Helgen 24-25 april ordnade däremot ANA-Motor, Saab-handlaren i Linköping, en vårutställning i Linköpings Sporthall. Dragplåstret nummer ett var den skinande röda sportvagnsprototypen, som lockade besökare i mängder. På de två dagarna kom mer än 10 000 besökare – förmodligen främst för att titta på den nya bilen.

Sason-Sonetten byggdes helt på standarddelar, vilket förklarar bilens linjer, t ex den höga midjelinjen. Den hade dessutom samma axelavstånd som standardbilen, dvs längre än de Sonetter som senare kom att byggas.

En detalj som fanns kvar från Sasons första skisser var det demonterbara taket.

Björn Envall berättar:

– Vi ville ge bilen en kraftig störtbåge, som samtidigt anslöt bra till bilens linjer. Vi hade en Ferrari – modell 275 LM – som förebild att inspireras av. När väl karossen fått en sådan störtbåge var det ett naturligt steg att länka ihop vindrutans överkant med störtbågen genom en löstagbar taklucka. Helt plötsligt stod vi då där med den konstruktion Porsche senare skulle bli så berömd för under namnet "Targa"!

Taket kunde lätt lyftas bort och stuvas undan i bagageutrymmet, där det upp- och nedvänt passade mot insidan av bagageluckan.

Monteringen av takdelen gick på ett ögonblick tack vare en lika enkel som genialisk fästanordning där bara två vridhandtag i störtbågen användes för att hålla luckan på plats. I framkant krokades den med lätthet i en plåtfals över vindrutan, ett system som dessutom visade sig ge en säker tätning.

Catherina byggdes på en standard bottenplatta och blev alltså lägre än de senare byggda sportvagnarna. Längden gav långt bättre innerutrymmen än andra sportbilar kan ståta med. Bakom de två stolarna fanns visserligen inte något nödsäte, men väl utrymme för mindre bagage. Dessutom kunde det stora bagageutrymmet ökas ut genom att en lucka i väggen in mot sittbrunnen lossades och bilen därmed med ett handgrepp förvandlades till en halvkombi.

Trots de här finesserna slog Catherina inte an hos Saab-ledningen.

Ett konfidentiellt meddelande kring provresultaten – daterat april 1965 – visar att provförarna inte var emot den Sasonska skapelsen:

– ASJ-bilen är för närvarande bäst, summeras i rapporten över köregenskaperna.

Däremot var inte teknikerna nöjda med bilens vikt och form:

– ASJ-bilen har luftmotståndskoefficienten 0,41. Saab 96 har luftmotståndskoefficienten 0,35. Siffrorna avslöjar att det måste göras en hel del åt bilens form för att den skall bli minst lika strömlinjeformad som standardbilen – och helst bättre.

Även vikten ansåg man för hög, men noterade också att bilen var betydligt bättre utrustad än konkurrenten från MFI.

Från tillverkaren, ASJ, menade man också att det inte var omöjligt att sänka vikten i serieutförande.

Den provisoriska vindrutan var också något Saab anmärkte på. Glasytorna var på tok för små för att ge acceptabel utsikt i en modern bil.

Men på det stora hela uppfyllde Catherina de flesta av kraven i den lista tillverkaren ASJ fått innan bygget startade – även om inte alla lösningar var helt genomarbetade, noteras i provrapporten.

Tätningarna var t ex inte sådana att de kunde accepteras, liksom inte heller att sidorutorna i farter över 100 km/h började sugas utåt och då gav stora springor i överkanten!

I en sammanfattning av proven slogs följande fast:

acker eller ej – men onekli-
en har Sasonprototypen an-
orlunda linjer, speciellt här
ed avlyft tak.

astes may differ about its
ooks – but there is no ques-
on that the Sason prototype
ad distinctive lines, especial-
y when the roof was
emoved.

ägg märke till den eleganta
ösningen av kylfläktens pla-
ering, som gör att motorhu-
ens höjd kunde reduceras
vsevärt. Trots att fläkten ba-
a har två blad med liten dia-
neter räckte den väl till för att
lara motorns kylning även i
öer i sommarvärme.

Note the elegant solution to
he radiator fan's location
vhich enabled the hood to be
ept low. Even though the
an had only two blades, swee-
ing a small diameter, it was
fficient enough to cool the
ngine even when driving in
ow-moving traffic in hot
ummer weather.

Catherina har visserligen inte
ågot baksäte, men det finns
lats för mindre bagage bak-
m stolarna. Dessutom finns
n lucka i väggen mellan sitt-
trymme och bagagerum –
n föregångare till senare ti-
ers halvkombibilar.

"ASJ-bilen avses vara en familjesportbil och långfärdsbil,
vilken alltså kan vända sig till en relativt stor kundkrets.
Dock kan bilen givetvis även användas som tävlingsbil.

Om större antal (än ca 500 bilar per år) avses att tillver-
kas, torde bil av typ ASJ ha de största möjligheterna till
bestående försäljning. Denna bilklass är visserligen mycket
hård ur försäljningssynpunkt (jämför Volvos försäljnings-
svårigheter med P 1800). Dock finns ännu ingen framhjuls-
driven bil av denna typ i produktion. I detta sammanhang
bör även påpekas att ASJ-bilen har större möjligheter att
anpassas till framtida utveckling, speciellt beträffande sin
viktfördelning."

Produktionsmässigt befanns bilen emellertid ha nackde-
lar som var svåra att komma till rätta med. Resultatet blev
att Sixten Sasons drömbil Catherina sköts åt sidan till för-
mån för Björn Karlströms förslag.

Bara en enda Catherina, den röda prototypen, kom där-
för att byggas. Därutöver gjordes ett chassi, som användes
för en rad olika försök. Chassit, liksom också formarna till
plastkarossen, skrotades efter några år.

Bilen hamnade på Saabs museum och är verkligen unik
– det finns bara den och ingen annan av den här modellen.

*The Catherina admittedly had
no rear seat, but there was a
space for small pieces of lug-
gage behind the seats, as well
as fold-down bulkhead be-
tween the cockpit and the lug-
gage compartment – a fore-
runner of the hatchbacks that
were to appear in the future.*

# KAPITEL ÅTTA

# Ett sista försök

## ... så lätt ger vi oss inte ...

**Brev från ASJ:s VD till Saab**

När det stod klart att Saab föredrog MFI-prototypen som grund för en kommande sportvagn ville man inte acceptera den saken hos ASJ.

VD i ASJ skrev några rader till Tryggve Holm, direktör på Saab, och berättade vad man hade för avsikter:

– Jag förstår att MFI dragit längsta strået, skrev han. Vi vill emellertid icke ge oss så lätt.

Hos ASJ hade man tolkat Saabs val av sportvagnsprototyp så att Saab i första hand inte varit ute efter prestanda. Istället ansåg man att Saab valt MFI-bilen eftersom den egna bilen visserligen "utseendemässigt är tilltalande", som direktör Bengt Åkerlind skrev. Däremot kanske den inte skiljde sig speciellt mycket från en "vanlig" bil, även om den sasonska prototypen var mindre än en sådan i formatet, noterade han.

– Jag accepterar Saabs uppfattning om att en vagn med MFI:s utseende bättre motsvarar Saabs önskemål, skrev han. Samtidigt pekade han på att Sixten Sason presenterat ett nytt förslag – med kodbeteckningen "Husvagn fastback" – med mer sting än den tidigare byggda prototypen. Dessutom borde bilen ha bättre prestanda än MFI:s bil och därtill – också enligt ASJ-ledningen – ha en renare och vackrare form än den bil Björn Karlström ritat.

Hade Saabledningen gjort helt om och förkastat det tidigare godkända förslaget från MFI till förmån för ASJ:s nya förslag – ja då hade Sonetten fått ett annat utseende.

Nospartiet påminde mycket om den Pininfarinaritade sportvagnen från Alfa Romeo, som kom att leva kvar under ett stort antal år, just på grund av att den var så tidlös i formen – precis som Sasons "husvagn med fastback".

Nu ville inte Saabledningen göra helt om. MFI-projektet fick fortsätta, även om den sasonska skissen till en andra prototyp onekligen hade sina förtjänster.

Hela det andra förslaget slutade med att Sasons skiss till en vit bil med ärtgrön dekorrand på sidan arkiverades och glömdes bort. Det var naturligt eftersom Sonettprojektet i Skåne vid den tiden gick in i en ny fas i och med att ASJ gick in och MFI hamnade som underleverantör.

*"Ett sista försök" kallade ASJ-ledningen den här designskissen, baserad på Sasons idéer och utförd av Björn Envall – senare chefdesigner på Saab. Den gjordes snabbt då ASJ fått veta att MFI tagit hem segern i kampen om vem som skulle bygga den nya sportbilen – men inte heller detta förslag föll i nåd hos Saabledningen som fick det alltför sent för att det skulle hinna utvärderas.*

*"A final attempt" was how the ASJ management termed this design based on Sason's ideas, but drawn by Björn Envall – later to become chief designer at Saab. It was done in all haste when ASJ learned that the MFI prototype had won the fight over who was to build the new Saab sports car. But this proposal did not find grace with the Saab management who saw it far too late to give it a true appraisal.*

"Husvagn Fastback"

# KAPITEL NIO

# Från MFI-13 till Sonett II

## – Vi gör en amfibie också ...

**Björn Karlström, konstruktör och formgivare**

Är det något namn som förknippas med Sonett II, så är det Björn Karlströms. Hans tankar på en liten Saabsportbil var dock betydligt äldre än Sonettprojektet.

Redan på 50-talet försökte han intressera Norrlandsfonden och AMS för bilfabrikation, förlagd till Norrland. Hans idé var att ta fram en liten familjebil med 500 kubiks motor tillsammans med Nymanbolagen i Uppsala. Där tillverkades bland annat båtar och marinmotorer. Kunskap om plast och motorer fanns alltså – men det blev aldrig något av projektet.

Men tanken levde kvar och när Björn Karlström i slutet av 50-talet hade kontakt med Malmö Flygindustri, MFI, som han ritade ett par snabba båtar åt, kom biltillverkning åter på tal. Istället för att diskutera en familjebil, kom nu en sportvagn på tapeten. En sådan skulle lättare kunna bära kostnaderna för projektet eftersom sportvagnsköparen inte frågade så mycket efter kostnaden gick resonemanget.

Alltnog – Björn Karlström ritade en liten tvåsitsig bil med mittmotor, avsedd att så långt det var möjligt byggas kring standarddelar från Saab.

En kontakt togs med Rolf Mellde, som förklarade att han själv tyckte att projektet var intressant – men att det knappast var något för Saab att satsa på.

Nästa steg var att Karlström ritade bilen med rörram i fackverkskonstruktion där motorn skulle placeras framtill på konventionellt maner. Framvagn och bakaxel skulle tas från Saab, medan bensintanken på 82 liter från MFI:s lilla flygplan – MFI 9 – ansågs vara lämplig för sportbilen.

– Tanken på en rörram föll dock snabbt, eftersom det antogs att många kunde vara rädda att åka i en sådan bil, berättar Björn Karlström. Det sades att köpare skulle vara oroliga för att rören skulle brista vid en olycka, och att de skulle spetsas på de vassa rörändarna...

Som alternativ presenterade Björn Karlström ett chassi i plast, där förstärknings- och fästpunkter av plåt klistrats fast mot plasten. Även den idén förkastades och nu satsa-

*Ritningens sidovy ger besked om hur MFI-13 skulle ha innerutrymmena disponerade medan perspektivteckningen visar hur rörramen skulle ha sett ut. Ritningarna är daterade november 1964.*

*This side view drawing shows the proposed interior layout of the MFI-13, while the perspective drawing shows the tubular frame. The drawings are dated November 1964.*

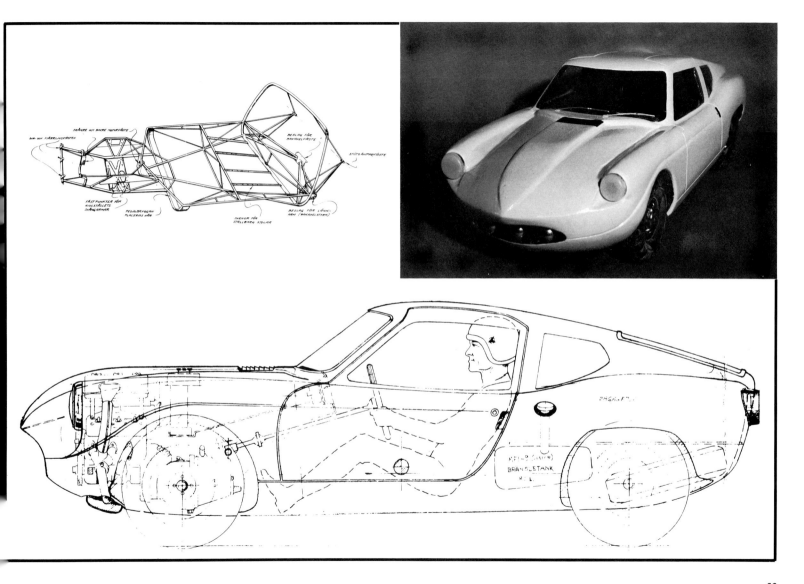

de han på en lådkonstruktion i tunn plåt – en lösning som också Rolf Mellde förordade.

– Jag började med att göra en exakt modell av kartong, berättar Björn Karlström. Den var helt skalenlig och visade sig vara otroligt stark.

Första belastningsprovet av konstruktionen gjordes för övrigt på just den pappmodellen. Den pallades upp fram och bak och mitt på placerades ett gammaldags strykjärn!

– Konstruktionen gav inte vika det minsta, vilket bekräftade att teorierna höll, säger Björn.

Bilprojektet kom att kallas MFI 13. Företaget sysslade som namnet angav med tillverkning av flygplan. Man visste att få piloter ville spaka ett plan med beteckningen "13", varför den siffran helt generöst veks för bilprojektet.

Under Björn Karlströms ledning växte bilen fram alltmer. Björn Andreasson från MFI assisterade och hans erfarenhet av flyg visade sig ovärderlig i framtagningen av sportbilen. Ett typexempel på listig lösning kom han med då kylsystemet måste ha en högt placerad expansionstank. Han ändrade helt enkelt en tvärgående förstärkning mellan övre fästena på fjädrarna fram och ersatte den av ett rör. Röret fick samtidigt tjäna som både förstärkning och expansionstank – två delar ersattes av en. Lösningen sparade både vikt och pengar och var onekligen elegant.

–Varför inte utnyttja chassit, när det nu visat sig stryktåligt, tänkte Björn Karlström och skissade raskt på en jeepliknande skapelse, byggd på samma chassikonstruktion som den blivande sportbilen.

–Vi gör en amfibie, fortsatte han resonemanget. Eftersom chassit var lätt – vikt omkring 100 kilo – mötte det inte några större problem att göra terrängbilen flytbar.

Nåja, nu kom inte terrängbilen – som hade arbetsnamnet Skogsmatrosen – längre än till skiss-stadiet, men det berättas att finska militärer som fick ta del av planerna blev eld och lågor.

I stället koncentrerades arbetet på sportvagnen som började växa fram hos karosstillverkaren Heinels i Malmö.

Hos MFI ansåg man det självklart att deras bil skulle slå den Sasonritade konkurrenten från ASJ i Katrineholm. Dessutom hade man hopp om att AMS skulle gå in med kapital så att fabrikationen skulle kunna förläggas till Gnarp, alternativt Hudiksvall – allt för att öka sysselsättningen i Norrland.

Men så förklarade AMS att man inte tänkte satsa på MFI:s sportbil.

Den ekonomiska situationen förändrades radikalt över en natt och i det läget kom ASJ – ett företag med stark anknytning till Saab – in på scenen och tog över projektet. MFI blev kvar som underleverantör av bland annat karosser medan chassit skulle byggas av modifierade Saabdelar så långt det var möjligt. ASJ skulle köpa delar från Saab och sedan sälja färdiga bilar tillbaka till Trollhätteföretaget som sedan i eget namn skulle sälja dem vidare till kunderna.

Hos MFI hade tron på Björn Karlströms karossförslag varit så stark att man beslutat bygga den första karossen i plåt direkt. Tanken var att plåtkarossen skulle kunna an-

54

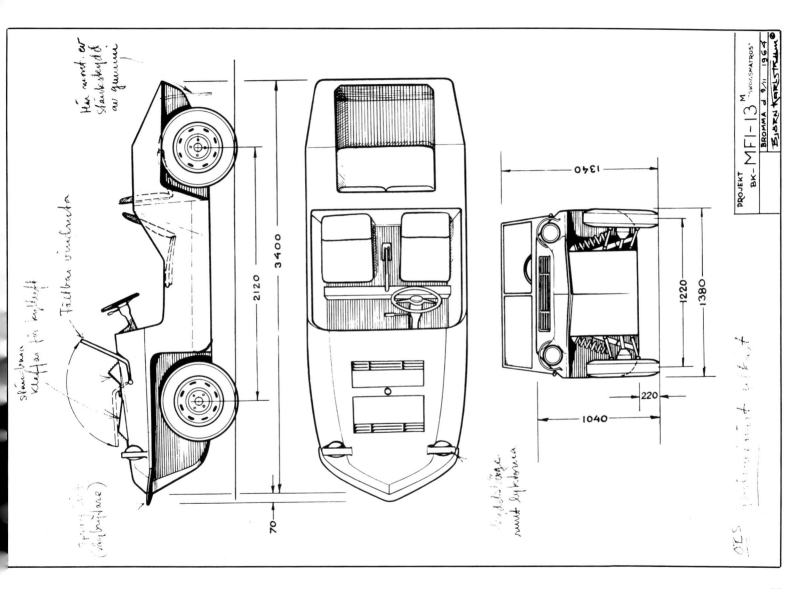

vändas då det senare blev dags att gjuta honformarna, i vilka de senare seriekarosserna skulle produceras.

För att göra plåtkarossen hade ett skelett av plywoodspant byggts upp. På spanten placerades plåtar, som för hand knackats till rätt form, varpå de svetsades samman på plats.

– Det medförde vissa problem, eftersom plywooden ständigt tog eld under svetsningen, minns Björn Karlström.

När karossen stod klar, spacklades den, lackades och försågs med all utrustning, varpå den monterades på chassit och bilen för första gången kunde visas upp offentligt. Det skedde vid inspelningen av ett TV-program om bilsport och den lilla bilen förekom flitigt i TV-rutan. Onekligen en elegant PR-kupp av Sten Wennlo, då PR-bas, senare chef för Saabs personvagnsdivision. Tilltaget gjorde direkt bilen välkänd för alla bilintresserade.

När ASJ kom in i bilden blev det på en gång mycket bråttom med Saab 97, som den tidigare MFI 13 döptes om till.

Tanken var att den nya bilen skulle visas upp på bilsalongen i New York i mars 1966 – bara ett drygt halvår senare.

Den första plåtprototypen – som var kolossalt understyrd – höll inte måttet och kunde alltså aldrig användas för den planerade formtillverkningen. Istället måste tre prototyper med plastkarosser snabbyggas för att utprovningen skulle komma i gång. Därpå planerades en första serie på 25 bilar, som skulle byggas helt hantverksmässigt.

Tio av dem skulle vara klara till New Yorksalongen, resten under våren 1966. Parallellt med tillverkningen av de första 25 bilarna skulle själva produktionsapparaten byggas upp och justeras in, så att den senare riktiga serieproduktionen skulle kunna fungera.

De tre första prototyperna växte fram helt efter tidtabellen, även om tidsbristen gjorde att vissa förenklingar måste till. Från början hade t ex planerats att bakrutan skulle

vara upplyftbar – därav dess form – något som inte var möjligt att ordna inom de knappa tidsmarginalerna.

Istället fick bilen bagageutrymmet åtkomligt genom en lucka, något som kom att kritiseras senare, men som alltså hade en naturlig förklaring.

Det avtagbara tak, som också planerats från början, hade förkastats som alltför komplicerat på ett tidigare stadium i projektet.

Ett annat problem var svårigheten att få fram den komplicerade bakrutan. Följden blev att de första bilarna fick bakrutor av plexiglas. När sedan de riktiga glasrutorna började levereras höll de inte formen. De var alltför bulliga och smälte alltså inte in i bilens profil.

När produktionen startade fanns det inte några förgasare till motorerna. Saabs tekniker hade ställts inför problemet att ta fram en förgasare som var okänslig för sportvagnens kurvtagningskapacitet – samtidigt som den skulle vara låg för att få plats under huven. När de första bilarna byggdes användes handgjorda förgasare, byggda av tre hopsatta solexförgasare – från början avsedda för personbilen Glas.

Solex studerade konstruktionen från Trollhättan och imponerades. Inte nog med att förgasaren motsvarade kraven – den justerades in en gång för alla och behövde sedan aldrig synkroniseras – trots att det egentligen rörde sig om tre förgasare! Att det hela fungerade i praktiken visade ingående prov som Saab gjorde på franska banan Monthlery utanför Paris.

De första fyra prototyperna försågs med handgjorda förgasare – sedan kom serietillverkningen i gång och Solex kunde leverera de genialiska, Trollhättekonstruerade förgasarna med beteckningen 40 DHW. Till en början fanns inte heller luftfilter klara, utan de måste tillverkas för hand med enkla verktyg innan leveranserna från Mann i Tyskland kom i gång.

Som bilfabrik valde ASJ anläggningen i Arlöv utanför Malmö. ASJ står för AB Svenska Järnvägsverkstäderna, och företaget hade tidigare byggt järnvägsvagnar i lokaler-

*Karlström skissade också på en kaross utan dörrar men med fällbart tak – en lösning som aldrig kom längre än till den här skissen...*

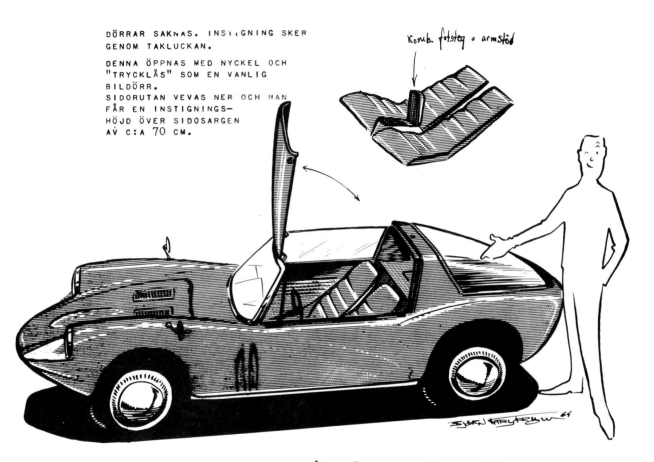

DÖRRAR SAKNAS. INSTIGNING SKER GENOM TAKLUCKAN.

DENNA ÖPPNAS MED NYCKEL OCH "TRYCKLÅS" SOM EN VANLIG BILDÖRR.
SIDORUTAN VEVAS NER OCH MAN FÅR EN INSTIGNINGS-HÖJD ÖVER SIDOSARGEN AV C:A 70 CM.

Komb. fotsteg o armstöd

*Karlström also had ideas about a Sonett without doors but with a large roof hatch. With the hatch removed the car was almost as open as a convertible. To get into the car one had to open the roof, wind the side window down and then climb over the side and sit down ...*

GENOM DETTA SYSTEM VINNER MAN NÅGRA VÄSENTLIGA FÖRDELAR. FÖRST OCH FRÄMST ELIMINERAS SKRAMMEL OCH DRAG I KAROSSENS DÖRRPARTER. VIDARE FÖRENKLAS TÄT-NINGSPROBLEMEN – I DETTA FALL BLIR DET ENDAST EN GUMMITÄTNING RUNT TAKLUCKANS SARG. ATT GÖRA BILEN ÖPPEN BLIR ENKELT – MAN MONTERAR BARA BORT TAKLUCKAN. GÖR MAN SEDAN EN LUCKA ÖVER MOTORHUVEN BLIR TÄTNINGSPROBLEMEN RUNT HJUL-HUSEN ELIMINERADE, LIKSOM ÖKAD STADGA VINNES.

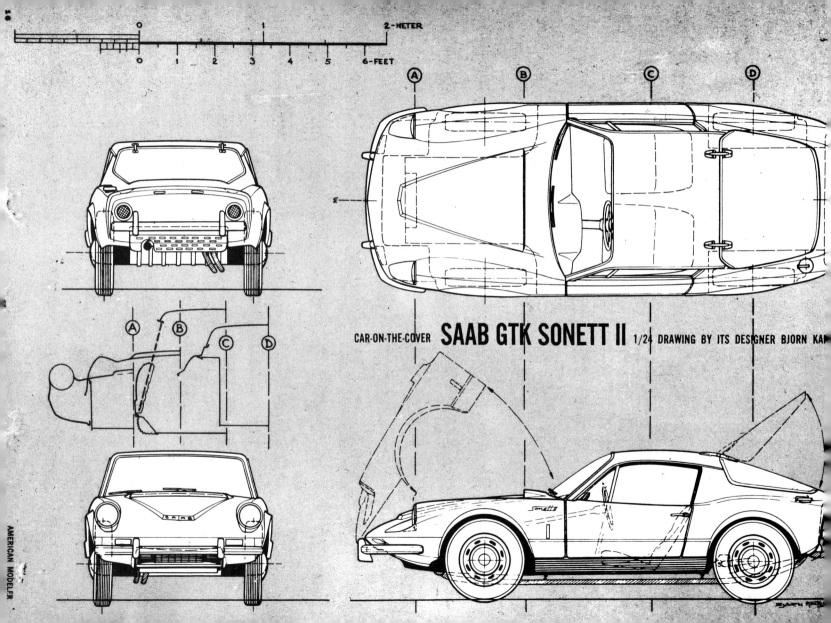

CAR-ON-THE-COVER **SAAB GTK SONETT II** 1/24 DRAWING BY ITS DESIGNER BJORN KAI

*En av de första ritningarna på MFI-prototypen visar bl a den planerade uppfällbara bakrutan, liksom hur hela fronten skulle öppnas för att ge tillträde till motorrummet. Den här ritningen återfanns i en amerikansk hobbytidning, vars omslag – nedan – då också ägnades den nya svenska sportvagnen.*

*One of the first drawings of the MFI prototype shows the originally planned lift-up rear window, as well as how the entire front section could be opened to give access to the engine compartment. These drawings were discovered in a US hobby magazine, where the entire cover was devoted to the new Swedish sports car.*

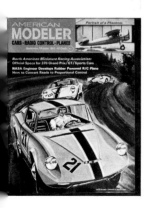

*Här växer den första plåtprototypen fram bit för bit av plåtar som handknackats till rätt form innan de svetsades samman.*

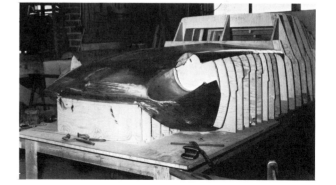

*The first sheet metal prototype begins to take shape, piece by piece, with each section hammered to shape before being welded in place.*

na. Nu var efterfrågan på vagnar minimal och chansen till bilproduktion kom därför som en skänk från ovan för företaget.

Nu fick inte fabriken helt släppa kontakten med järnvägen. Av, som det heter, beredskapsskäl måste rälsen på golvet i fabrikslokalen behållas, liksom ute på gården.

Den röda byggnaden var egentligen inte speciellt lämpad för sammansättning av sportvagnar. Bland annat fanns mängder av stolpar mellan golv och tak och de var lindrigt sagt i vägen. För att ge mer svängrum kapades resolut ett antal stolpar bort – vilket visade sig mindre lyckat. Visserligen gav det utrymme, men stolparna visade sig ha en väsentlig funktion för byggnadens stabilitet. Huset började nämligen sakta men säkert kantra!

Som väl var fanns en grannfastighet – ett stabilt byggt gjuteri – strax intill. Några stöttor mellan byggnaderna eliminerade risken för ras och så var det problemet ur världen.

Det löpande bandet rörde sig av naturliga skäl ganska makligt, eftersom man siktade på att bara bygga tre bilar per dag – med en möjlig ökning till tio om efterfrågan visade sig stor.

"Bandet" bestod av en rullbana, som avlöstes av två rännor i golvet för bilarnas hjul, när chassierna blivit så färdiga att de kunde rulla. Tillverkningen var uppdelad till sju stationer och varje arbetare jobbade omkring en timme med varje bil, innan han själv knuffade den vidare längs "bandet".

– Amerikaner som kom hit på besök och såg hanteringen tyckte det var pittoreskt, minns ingenjör Bert Grahn, som på den tiden arbetade i Arlöv.

I början blev också mängder av improvisationer nödvändiga. Det berättas att om någon smådel tog slut, kunde helt enkelt en man skickas iväg – per cykel – för att köpa de felande delarna i närmaste biltillbehörsaffär. Det är också skälet till att de tidigaste modellerna inte alltid var helt identiska.

Helt problemfri var nu inte fabrikationen, även om den

*När plåtprototypen från MFI stod klar uppfyllde den egentligen inte de krav Saab ställde på den – och var därtill långt ifrån så bra på vägen som den borde – men väckte i alla fall stor uppmärksamhet. Bilderna är från första visningen på Hedenlunda i februari 1965.*

*When the sheet-metal MFI prototype was ready it hardly fulfilled the specifications Saab had laid down – nor did it prove to be as good as desired on the road. Nonetheless it drew a lot of attention such as here, when shown in February 1965.*

*Välklätt motorfolk i stum beundran bakom Sonett II. I främre ledet ses fr v Stig Björklund, Björn Karlström, Sture Boström, Nils Olov Andersson och Erik Friberg.*

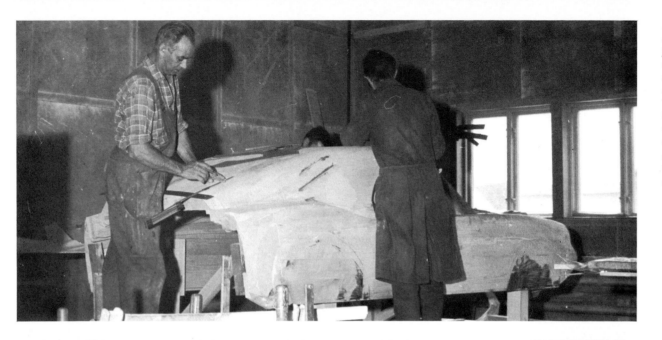

Eftersom inte plåtprototypen accepterats måste en ny han-form – "plugg" – byggas. På den göts så den form i vilken senare de riktiga plastkaros-serna skulle tillverkas. Bilden visar det kvalificerade snicke-riarbetet som krävdes för att omsätta ritningens linjer till den tredimensionella plug-gen, som byggdes i trä. Ne-derst t v växer de första rikti-ga Sonetterna fram.

When the sheet-metal proto-type was rejected, a new form had to be shaped. This was then used to make the "fe-male" molds for the ultimate plastic body. It was black and had a highly polished finish to ensure that the casts made from it would have the de-sired smooth surface. The pic-ture shows the skilled car-pentry needed to convert the drawing's lines into a three-dimensional form. Below left the first "real" Sonetts under assembly.

*MFI-prototypen provkördes grundligt – bilden t h – liksom den Sasonritade bilen från ASJ. Tabellen t h ger besked om en rad viktiga uppgifter om de båda bilarna – tillsammans med ett antal konkurrerande åkdon. Teckenförklaring till diagrammet: (H) aver Hard Top. (S) markerar oft top, alltså sufflett. × markerar värden med avtagen taklucka. $C_W$ anger luftmotståndet. Benutrymme anger avståndet från pedaler till sätets framkant/säteslängd.*

| Märke | Pris i $ PUE | Antal sittpl. | Cylinder-volym cm³ | Effekt hk | Tjänste-vikt kg | Prestanda 0-100 km/h sek | 1/4 mile sek | Topp-fart km/h | Utvändiga dimensioner Frontal-area m²/$C_W$ | Längd mm | Bredd mm | Höjd vid tjänste-vikt,mm | Invändiga dimensioner Bredd i axelhöjd mm | Huvud-höjd mm | Benut-rymme mm | Bagage-rumskap. m³ | Vändcirklar Vägg till vägg,m | Kant till kant,m |
|---|---|---|---|---|---|---|---|---|---|---|---|---|---|---|---|---|---|---|
| Saab | | | | | | | | | | | | | | | | | | |
| Sport | 2790 | 2 + 2 | 850 | 55 DIN | 960 | 17,3 | 20,1 | 142 | 1,72/0,35 | 4170 | 1580 | 1470 | 1175 | 935 | 620/520 | 0,38 | 11,5 | 10,6 |
| ASJ | | 2 | 850 | 55 DIN | 820 | 15,2 | 19,8 | {146/142x} | 1,52/0,41 | 4150 | 1480 | 1180 | 1135 | 870 | 560/520 | ~0,30 | 9,70 | 9,0 |
| MFI | | 2 | 850 | 55 DIN | 780 | 13,7 | 18,9 | 150 | 1,34/0,37 | 3700 | 1530 | 1120 | 1250 | 910 | 540/450 | ~0,18 | 9,6 | 8,8 |
| A-H Sprite MK III | 2090 | 2 | 1098 | 56 DIN | 780 | 15,0 | 19,4 | 148 | 1,33 | 3500 | 1350 | 1260 | 1160 | 910 | 520/456 | 0,09 | 10,15 | 9,1 |
| Ford Cortina GT | 2162 | 4 | 1498 | 78 DIN | 940 | 12,5 | 19,0 | 147 | 1,83 | 4260 | 1590 | 1440 | 1290 | 915 | 460/460 | 0,58 | 11,0 | 10,65 |
| Triumph Spitfire 4 | 2199 | 2 | 1147 | 63 SAE | 860 | 16,2 | 20,8 | {147(i)/144(S)} | 1,4 | 3680 | 1450 | 1210 | 1205 | 680 | 610/482 | 0,16 | 8,0 | 7,43 |
| BMC Cooper S | 2395 | 4 | 1275 | 75 DIN | 725 | 11,8 | 18,4 | 157 | 1,60 | 3050 | 1410 | 1340 | 1150 | 913 | 456/432 | 0,09 | 10,2 | 9,6 |
| Fiat 1500 Spider | 2707 | 2 | 1481 | 80 CUNA | 1100 | 17,2 | 20,2 | 151 | 1,57 | 4080 | 1520 | 1290 | 1210 | 910 | 460/500 | 0,22 | | 10,4 |
| Ford Mustang | 2958 | 4 | 4736 | 210 SAE | 1500 | 9,5 | 16,0 | 176 | 1,80 | 4610 | 1730 | 1300 | 1400 | 970 | 522/445 | 0,28 | 12,7 | 11,6 |
| Triumph TR 4 | 3099 | 2 | 2138 | 100 DIN | 1150 | 11,9 | 18,1 | 162 | 1,49 | 3930 | 1460 | 1270 | | | | 0,13 | | 10,0 |
| GLAS 1300 GT | 3295 | 2 | 1290 | 88 DIN | 1000 | 13,4 | 18,9 | 157 | 1,59 | 4050 | 1550 | 1280 | 1340 | 990 | 450/495 | 0,19 | | 8,20 |
| Sunbeam Tiger | 3598 | 2 | 4262 | 164 SAE | 1300 | 8,2 | 16,0 | 190 | 1,61 | 3960 | 1530 | 1310 | 1220 | 965 | 560/470 | 0,17 | 10,4 | 10,8 |
| Volvo P 1800 S | 3995 | 2 + 2 | 1780 | 108 SAE | 1180 | 13,5 | 18,6 | 170 | 1,55 | 4350 | 1700 | 1280 | 1230 | 900 | 572/495 | 0,17 | 10,8 | 10,1 |

förefoll idyllisk på ytan. Bland annat visade det sig att plastkarosserna inte höll måttet. De kunde vara helt exakta när de levererades, men materialet sjönk ihop av sin egen tyngd efter en tid. Det var inte fråga om några stora skillnader, men tillräckligt för att ge problem, då andra delar som inte var flexibla – t ex glasrutorna – skulle passas in.

Efter hand löstes sådana bekymmer och det gällde nu att leva upp till de kvalitetskrav de amerikanska handlarna ställde:

– Pruta inte på kvaliteten bara för att pressa ned priset under 3 000-dollargränsen, sade en av de mer tongivande försäljarna. Samtidigt tillade han att det givetvis var tacknämligt om man fick ned priset, eftersom det skulle förenkla försäljningen. –Låt bilen bli enkel, men med Porschekvalitet, sade han.

Samma återförsäljare hade ett par andra idéer kring Sonettprojektet. Till att börja med ville han presentera bilen i vackra broschyrer för eventuella köpare långt innan den överhuvud taget fanns att visa upp i USA. De som ville ställa sig i kö för att köpa, skulle få betala 100 dollar – men mot en ränta på fyra procent.

– Varje gång vi skickar checken med ränteutbetalningen har vi ett lysande tillfälle att tala för varan, skrev han till Saab. ”Utpressning”, står det lakoniskt klottrat i kanten på hans brev.

Hans nästa idé – som inte heller kom att genomföras – var att ta den nya bilen till legendomsusade fartbanan Bonneville Salt Flats för att där försöka sätta fartrekord.

I USA hade det skrivits en hel del om den nya sportvagnen. Redan under 1965 prydde t ex en teckning av tre Sonetter i olika kulör omslaget till en hobbytidning. Modellbyggare hittade också i tidningen en ritning i skala 1:24. Tanken var att bilen skulle kunna byggas av miniracingentusiaster, som på den tiden oftast byggde sina egna bilar efter just ritningar i hobbytidningar.

Om någon Sonett byggdes som miniracer ska vi låta vara osagt. Om det inte gjordes kan det i alla fall inte ha berott

*Den lilla sportvagnen väckte uppmärksamhet var den än visades upp – även här i foto-ateljén, då de första reklam-bilderna skulle tas, innan bi-len förevisats utanför Arlöv och Saab.*

*Till vänster den allra första bilen – röd.*

*Wherever it went, the little sports car drew a lot of atten-tion – even when it was rolled into a studio for the first ad-vertising pictures.*

*At left the first Sonett – bright red.*

65

rietillverkningen av Sonett i den fabrik där tidigare rnvägsvagnar tillverkats. igg f ö märke till järnvägs-lsen på golvet som måste ra kvar även då produktio-n ändrats till sportvagnar.

roduction of the Sonett II in e plant where railroad carri-ges were previously made. ote the rails on the factory oor which were retained en when sports car produc-on took over.

på ritningarnas kvalitet – de var nämligen signerade Björn Karlström!

Förmodligen väckte tidningen en del uppmärksamhet i Saableden, eftersom bilen vid det laget fortfarande var hemlig – och omslagsteckningen visade hur den skulle komma att se ut i det serieutförande som premiärvisades först flera månader senare.

Förserien om 24 bilar byggdes. Sonetten premiärvisades, men inte som planerat i New York. Istället introducerades den en vinterdag i Stockholm – även om det då bara var de tre handgjorda första plastprototyperna Saab kunde visa upp för ett stort uppbåd journalister, som skrev entusiastiskt om den exklusiva sportvagnen. Enda problemet var egentligen priset, ansågs det. Runt 20 000 kronor skulle bilen komma att kosta, spådde man vid pressvisningen.

Första internationella visningen skedde vid bilsalongen i Geneve i mars 1966, varpå den också presenterades i New York.

Vid det laget hade också prisbilden blivit klar och det visade sig snart att den kalkyl man från början gjort kanske var överdrivet optimistisk. Från den amerikanske importören kom ett telegram vars innehåll bör ha varit något av en kalldusch för sportvagnsentusiasterna på ASJ och Saab.

Ralph Millet konstaterade kallt på några telegramrader: "Chockad av priset. Med ett pris till kund runt 3 500 dollar blir bilen svår att sälja. Räkna därför med maximalt 500 bilar för USA under 1967. Produktionen bör gå på sparlåga – men vi rekommenderar i alla fall omedelbar start av tillverkningen."

Beskedet från USA var onekligen ett bakslag – Saab hade diskuterat en produktion på 3 000 bilar för kalenderåret 1967!

Trots allt började seriebilarna rulla ut från Arlöv till ivrigt väntande kunder – främst i USA. Av 1966 års modell byggdes totalt bara de tre prototyperna och serien på 25 handgjorda bilar – totalt 28 vagnar.

1967 års modell startade med en rad bilar av samma typ som 66:orna, dvs med tvåtaktsmotorer. Bara 70 sådana hann lämna fabriken innan en ny modellvariant började rulla av monteringslinan – fyrtaktsmotorn från Ford hade letat sig in också i Sonettproduktionen, något som Sonettbyggarna i Arlöv inte fick reda på förrän V4:an presenterades för kunderna hösten 1966.

*Gunnar A Sjögren, formgivare och Saabs historieskrivare ägnade mycken tid åt Sonetten. Han skissade bland annat på ett antal variationer på Björn Karlströms tema, där han föreslog smärre ändringar i bilens front som teckningarna visar.*

*Designer and Saab historian Gunnar A Sjögren, who signs his work with the accronym GAS, has devoted considerable time to the later Sonetts. Among other things, he made a number of design studies of the Björn Karlström concept in which he suggested minor changes in the front as his drawings show.*

# Saab Sonett V4 – dyr leksak på svenska

Tvåtaktsmotorn var genialisk med sina få rörliga delar – men problemet var att vanliga vardagsbilister hade svårt att förlika sig med konstruktionens finesser och man såg bara problem. Lukt och oljerök var två begrepp som förknippades med tvåtaktaren och Saab jobbade hårt för att hitta en lämplig motor som ersättare. En rad alternativ provades, t ex motorer från Lancia.

Så kom det fram att Ford i USA jobbat med en ny småbil – projekt Cardinal, som skulle ha blivit framhjulsdriven. För att testa en ny Fordmotor omärkligt ute i trafik hade Ford köpt ett antal Saab 96:or, som enkelt byggts om för att härbärgera den nya V4-motorn.

När Cardinalprojektet strandade, tog tyska Ford över resterna och byggde en egen modellserie med V4-motor.

Hos Saab var man inte sena att göra som amerikanska Ford – V4-motorn placerades i den gamla karossen vilket föll oerhört väl ut. Den gamla personbilen med anor från 92-tiden fick nytt liv och blev åter en succé.

Även Sonetten led av tvåtaktsproblemen, men på tvåtaktarens pluskonto låg att motorn var lätt. Bilen var byggd för den lilla trecylindriga motorn och var med den oerhört väl balanserad och en ren fröjd att köra. Ju krokigare väg, desto roligare, brukade Sonettförare säga om tvåtaktaren.

V4-motorn passade lika bra i Sonetten som i Saab 96, rent fysiskt. Den gav också nästan samma effekt – runt 60 hästar och V4:an var ungefär lika snabb som tvåtaktaren. 0-100 km/h gick på ca 12,5 sekunder.

Men – V4-motorn var hela 35 kilo tyngre. Det är inte mycket, men kilona hamnade längst fram i bilen och den blev inte längre lika välbalanserad som tidigare – även om den fortfarande var betydligt bättre på vägen än de flesta andra sportvagnar.

## Den finns på leksaksavdelningen.

**Broschyr om Sonett 1968 i USA**

**"Driven av en fyrtakts V4-motor har Sonett V4 sådant drag att den klarar 0-50 mph på 9,1 sekunder. Och du klarar klart över 100 mph (160 km/h) om du ger järnet. Om det inte är för snabbt för dej – kom ner till oss hos Saabhandlaren. Fråga efter leksaksavdelningen."**

Citatet kommer från en amerikansk försäljningsbroschyr för 68:an, där man också talade om bilens säkerhet – störtbåge, unikt diagonaldelat bromssystem och "under karossen av plast ett chassi av svenskt stål".

Tilläggas bör att rubriken på broschyren var: "Det här är vad Sverige menar med en dyr leksak." Av den första V4-årgången såldes 70 V4-Sonetter totalt. Följande år 900 och 1969 640 bilar. Det var ord och inga visor – men bilen gick hem. Detta trots det annorlunda utseendet.

Även om den nya V4-motorn passat i bilen, var den aningen för hög, trots att ett speciellt luftfilter konstruerades med två små filterpatroner hängande i "snablar" riktade bakåt/nedåt i motorrummet. Motorns höjd fick en mycket pinsam effekt. Huven gick helt enkelt inte att stänga!

Saabs Gunnar A Sjögren grep in och ritade en trappstegsformad bula på huven, som gjorde att motorn fick plats.

– Det var ingen vacker lösning, men enda sättet att klara situationen, förklarar han. Bulan var i själva verket så hög att jag måste placera den en aning åt höger – alltså asymmetriskt – för att inte skymma sikten för föraren.

–Vi funderade på att försöka trolla bort formerna genom att lacka bulan och en del av huven matt svart – men slutligen valde vi helt enkelt att behålla den i samma färg som resten av bilen. I framkanten försågs den däremot med ett tunt svart dekorband med texten Sonett, fortsätter han.

Interiört märktes också en del skillnader. Instrumentpanelen hade tidigare varit gjord av plywood med valnötsyta. Nu ersattes den av en panel i plast med skrynkellackerad matt svart yta. Helt reflexfritt och mycket ändamålsenligt i en bil av det här slaget.

Björn Andreasson på ASJ – officiellt hette sportvagnsfabriken Vägfordonavdelningen – var emellertid inte nöjd med bilen.

Bakom den torra beteckningen 30-305 döljer sig en onekligen intressant variant, som tyvärr aldrig kom i produktion.

För att göra bilen attraktiv för en större kundkrets funderade han nämligen över om det inte vore möjligt att bygga den med baksäte – en s k 2+2-bil. Tanken var att helt enkelt skära bort plåtarna mellan bakre hjulhusen, dvs runt bränsletanken och ersätta dem med ett nytt tvärskott i bakkant på det vanliga schaktet för bakaxeln. På så sätt bildades grunden till ett mycket litet baksäte – men bilen blev utan bränsletank.

Det hade nu flygkonstruktören Andreasson klarat ut mycket elegant. I bakre dörrstolparna visade det sig finnas plats för en 30-liters tank på vardera sidan. Placera in tankar där – förbind dem, så de båda fylls i samma takt när man tankar och problemet är löst, skissade han.

På en försöksbil skulle tankarna kunna göras av rostfri plåt, som svetsades – men en mer raffinerad lösning planerades också. Gummisäckar av den typ som används för bränslet i racerbilar och flygplan var lämpliga, ansåg han och frågade om inte Trelleborgs Gummnifabrik kunde leverera flexibla tankar till 2+2-Sonetten.

Nu visade det sig, när en befintlig bil byggdes om efter hans planer, att det hela inte fungerade i praktiken. Det blev helt enkelt inte något benutrymme kvar för dem som skulle åka i baksätet. Hade bilen förlängts en decimeter hade problemet varit löst – utan förlängningen blev baksätet omöjligt att använda praktiskt.

Att skarva i en decimeter i chassit hade inte mött några problem, medan det däremot var betydligt knepigare att klara en ändring av karossen till rimlig kostnad.

– En annan orsak till att vi inte lade ned något jättejobb, var att V4-modellen var något av ett provisorium – och det visste vi – berättar Kjell Knutsson, som på den tiden var med och utvecklade Sonetterna. Vi visste att en helt ny kaross var på gång och därför var intresset för en förändrad V4-kaross inte speciellt stort, minns han.

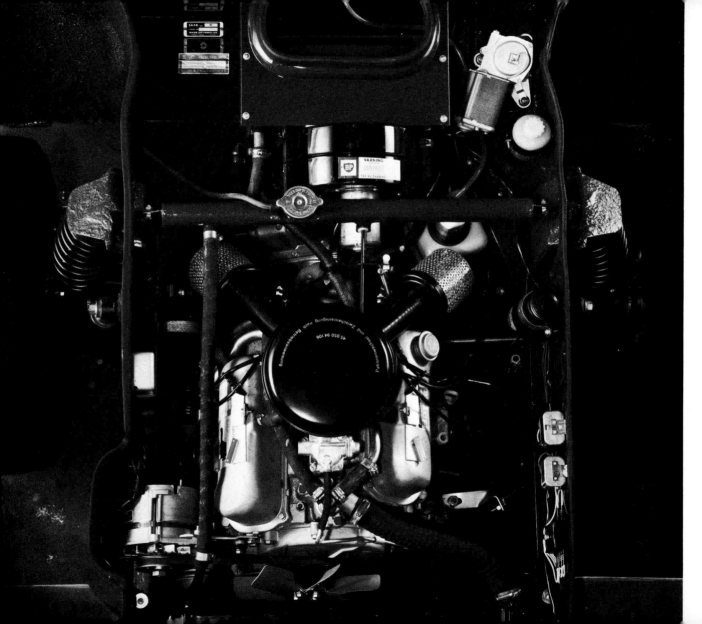

*Hur skulle den nödvändi
bulan över V4-motorn dölj
så långt det var möjligt? D
var frågan man brottaa
med hos Saab när sportva
nen skulle få tvåtaktaren
satt av den mer voluminö
Fordmotorn – bilden t v. T
ett förslag där bullen sku
maskeras genom en deke
målning på huven i matt sv
färg – ett förslag som ald
kom längre än till just det I
provet.*

*One of the problems the
signers struggled with
how to hide the bulge in
hood when the two-stro
was to be replaced by the I
kier V4 engine, left pictu
To the right an idea in wh
the hump was to be camou
ged by blacking it out –
idea that never came far
than this try-out.*

*När Saab premiärvisade So-
nett V4 på bilsalongen i
Frankfurt hösten 1967 sakna-
de bilen fortfarande det em-
blem, som senare skulle pla-
ceras på huven med texten
"Sonett V4", bilden t h. Den
svarta tejpen på strålkastarna
var en maskering över den
högerasymmetriska sektorn i
glaset, nödvändig för att bi-
larna med strålkastare avsed-
da för högertrafik, skulle
kunna köras även tiden före
omläggningen från vänster-
trafik den tredje september
1967.*

*When the Sonett V4 was
shown for the first time at the
Frankfurt Motor Show in the
fall of 1967, the car still had
no emblem. It was later to be
marked with a badge on the
hood carrying the text "Sonett
V4" – right photo. The black
tape on the headlights was
applied to mask over the
asymmetrical portion of the
lens. This was to permit the
car to be driven in Sweden
even in the period before the
country switched over to righ-
thand traffic, which took pla-
ce on September 3, 1967.*

Björn Andreasson nöjde sig emellertid inte med att bara låta bilarna rulla ut från fabriken, han ville vidareutveckla dem. Inför 1969 års modell hade han planer på en omfattande modifiering av exteriören.

Ge bilen fyra femtums huvudstrålkastare istället för det tidigare paret av sjutums, skrev han i sitt förslag. De två yttre skulle användas för halvljus, de båda inre för helljus. Som alternativ kan man tänka sig att använda de rektangulära strålkastarna från Saab 99 – för att behålla identifikationen inom "familjen".

Det nya strålkastararrangemanget skulle kräva en ny form på huven. I samband med det skulle den tidigare fällbara huven skruvas till chassit. En lucka i huven skulle ge tillträde till motorn.

Också bakpartiet skulle modifieras och den karaktäristiska bakrutan ersättas av en plan, öppningsbar glasruta.

*Sonetten förefaller bräcklig med sin plastkaross, men faktum är att den uppfyllde samma krav på säkerhet som andra bilar med plåtkaross. Här en V4 vid det krockprov mot en barriär i de 48 km/h, som krävdes för att visa att de åkande satt väl skyddade.*

*The Sonett may have seemed fragile with its plastic body shell, but the fact is that it met all the safety requirements demanded of other cars with metal bodies. Here a Sonett V4 in a 30 mph barrier crash test that was required to prove that occupants were well protected.*

Visst var bagageutrymmet
rymligt – men ack så svåråt-
komligt. Från början skulle
bilen egentligen ha haft en
öppningsbar bakruta, men
den prutades bort till förmån
för den lilla – billigare – bak-
lutan. Instrumentpanelen var
ny och mycket bra – men lock
över handskfacket saknades!

Den kunde dels tjäna som bagagelucka – varför den gamla
luckan eliminerades – dels också som extra ventilation.
Om luckan öppnades en aning under körning skulle det ge
en mycket effektiv genomventilation, skrev Andreasson i
sitt PM om modifieringarna. För att förbättra ventilatio-
nen kunde också permanenta gälar bakom dörrens sidoru-
ta ordnas, fortsatte han.

Dessutom, slutade han sitt PM, vi måste kunna erbjuda
extrautrustning. Trimmad motor, bredare hjul och skinn-
klädsel var några av hans förslag – men mest anmärknings-
värt var ett förslag om rostfria tröskelbalkar – något som
senare tiders Sonettägare skulle ha uppskattat, eftersom
rosthärdighet knappast varit ett kännetecken för Sonet-
tens chassi med sin många plåtskarvar.

Hos Saab tände man inte på idéerna om en förändrad
Sonett – 1969 års modell var praktiskt taget identisk med
föregående modeller. Idéerna glömdes inte heller bort –
mycket av Andreassons förslag – skissen nedan – kom igen
i nästa version av Sonetten, som fick modellbeteckningen
III.

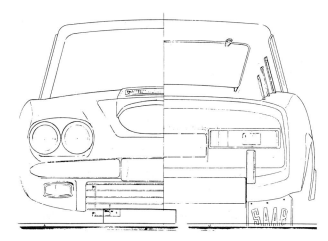

Sure the luggage compart-
ment is roomy – but oh, how
hard to reach! The car was
originally intended to have
had a lift-up rear window, but
this was slashed in favor of
the cheaper solution with a
small rear hatch. The new
dash panel was very nice, but
still lacked the glove box lid.

# KAPITEL ELVA

# Saab Sonett III Italiensk form — med svensk hjälp

## ... den har lägsta luftmotståndet i sin klass ...

**Amerikansk annons 1970**

Sonett II och V4 var onekligen tuffa bilar, men de kunde knappast skyllas för att vara vackra och eleganta.

Den amerikanska facktidningen Road & Track testade Sonett V4 hösten 1968 och de kommentarer man gjorde i tidningen om bilens formgivning var lindrigt sagt bistra:

Vi menar att formgivningen kan få vilken seriös blivande designer som helst att brista i tårar, skrev Road & Track. Man fortsatte: Det är rena tragedin att utseendet är så miserabelt – speciellt när Saab hade chansen att komma med något från grunden nytt och fräscht.

Grundformen är OK och drar intresse till sig. Plastjobbet, finishen och lacken är också av högsta klass. Men varenda detalj ser ut att antingen ha klistrats på, skruvats fast, pöst upp ur eller skurits fram ur grundformen. Det finns inte någon detalj som smälter samman med basformen så att det bildas en helhet...

Så långt Road & Tracks test, som avslutades med kommentaren att "vanliga" sportvagnar kanske har en sötare form, men att Sonetten är till för de förare som inte nöjer sig med "vanliga" sportvagnar.

Vad inte tidningsfolket visste var att redan vid den tiden hade Saab gjort en framstöt till den italienske formgivaren Sergio Coggiola, som man hoppades skulle ge Sonetten en ny form.

Orsaken till satsningen på en italiensk formgivare var enkel. Saab ville helt enkelt ha ett affischnamn att kunna skylta med. Man ville med gott samvete kunna peka på att bilen fått formen dikterad av en känd formgivare från bilmodelandet nummer ett – Italien.

Coggiola gjorde ett antal skisser, som emellertid inte slog så väl ut. Visst var bilen elegant skissad, men på vanligt maner när det gäller drömbilar var den överdrivet låg och bred och hade alltså proportioner som inte var tillämpbara på den riktiga bilen, berättar Saabs svenska formgivare som sedan fick göra en mer handfast, praktisk tillämpning av de italienska idéerna.

Coggiola hade för övrigt inte fått helt fria händer. Av

kostnadsskäl måste bilens mittparti behållas, men fram-
och bakpartierna kunde ändras högst avsevärt.

Coggiolas förslag innehöll en nos som förlängts en
aning, men på ett sådant sätt att linjerna lurade ögat och
bilen kom att se betydligt längre och slankare ut än den
egentligen var. En mycket låg grill gick över hela bilens
bredd och under den, dolt för normallånga betraktare,
fanns ytterligare ett luftintag till kylaren.

Nu hade fronten blivit så låg att det inte gick att använda
konventionella strålkastare – som f ö skulle ha fördärvat
bilens linjer. Istället tog man till en dyr lösning – nedfäll-
bara huvudstrålkastare.

Trots att nosen gjordes så låg krävdes inte någon nämn-
värd upphöjning för att ge plats åt V4-motorn. En liten
bula behövdes dock, ansåg Coggiola och gav den en sådan
form att den nästan försvann i bilens linjer och slutresulta-
tet blev intrycket av en helt plan motorhuv, oneklingen en
radikal ändring mot föregångarens huv med mängder av
bullar och uppbyggnader.

För bakpartiet skissade Coggiola flera alternativ. Klart
var att den tidigare välvda bakrutan, som var dyr att till-
verka, skulle ersättas med en plan, nästan kvadratisk ruta,
som samtidigt skulle tjäna som bagagelucka. Många bilbe-
dömare hade påpekat att den tidigare Sonetten visserligen
hade ett väl tilltaget bagageutrymme, men att det var ack
så svårstuvat på grund av den lilla luckan.

För att ge någon sikt snett bakåt funderade Coggiola
över extra sidorutor – så glasytan totalt skulle bli ungefär
densamma, som på den tidigare Sonetten, om än med gla-
set delat i tre delar. Hans lösning var alltså exakt densam-
ma som Björn Karlström skissat långt tidigare som ett
alternativ till bakpartiet på Sonett III.

Nu nöjde sig inte Coggiola med att bara göra beställ-
ningsjobbet åt Saab.

–Jag ritade också en kaross med helt egna linjer, berät-
tar Coggiola. Det var bara ett försök och Saab nappade
aldrig. På Saab visste man att bilen skulle leva bara ett par

79

Italienske formgivaren Sergio
Coggiola gjorde i slutet av
sextiotalet en del idéskisser till
Sonett III, men de kunde inte
mer än ligga till underlag för
det vidare formgivningsarbe-
tet. Som synes saknar hans
förslag sidorutor bakom dör-
rarna, vilket Saab ansåg vara
helt nödvändigt för att ge en
acceptabel sikt.

At the end of the sixties th
Italian designer, Sergio Cog
giola, was assigned the task c
developing a new body styl
for a Sonett III. His sketches
however, were only able to b
used as the basis for furthe
styling work. As can be seer
his proposal lacked side wir
dows behind the doors whic
the Saab people felt were ir
dispensable for acceptable v
sibility.

*Även instrumentpanelen rita-de Coggiola ett par förslag till. Lägg märke till hur mitt-delen av panelen vinklats mot föraren, ett mode som skulle komma på allvar närmare tio år senare.*

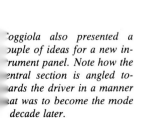

*Coggiola also presented a couple of ideas for a new in-strument panel. Note how the central section is angled to-wards the driver in a manner that was to become the mode a decade later.*

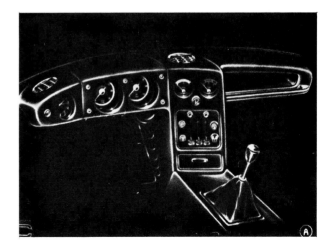

81

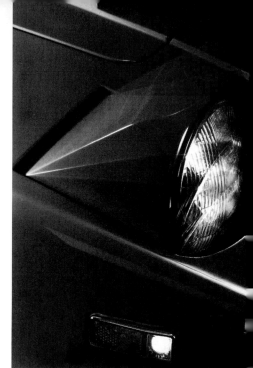

*De infällbara strålkastarna manövrerades för hand. El-motorer var påtänkta, men skulle kosta alltför mycket – och handreglaget fungerade ju trots allt.*

*Nosens eleganta linjer spolierades helt när strålkastarna fälldes upp och bilen fick ett utseende som påminner om första generationen av Austin Sprite.*

*I grillen fanns plats för extra-jus förberedd på Sonett III.*

*The retractable headlights were operated by hand. The thought of adding electric motors was rejected as being too expensive – after all, the handoperated control worked well enough.*

*The elegant line of the low nose was spoiled when the car was driven with the lights up. It looks like an old Austin Sprite "frogeye".*

*The grille of the Sonett III was designed to carry the auxiliary lamps.*

år till och det fanns därför inte några planer på att ta fram ännu en helt ny kaross.

Nu gick inte Coggiolas idéer igenom helt och fullt, även om karossen till Sonett III utan tvekan är mycket lik hans designförslag. Det är främst bakpartiet som skiljer sig.

Hans idé med de extra sidorutorna förkastades av ekonomiska skäl. Därmed blev sikten snett bakåt mycket dålig medan karossbygget förenklades avsevärt. Bakpartiet förlängdes också, vilket gav bilen mer harmoniska linjer.

Även instrumentpanelen kom i produktion att likna hans förslag. Saab tände däremot inte på hans idé att bygga ihop konsolen kring golvväxelspaken med instrumentbrädan. I mitten av panelen, kraftigt vinklad mot föraren,

skulle vissa instrument placeras, liksom värmereglagen och diverse strömställare.

Nu blev det inte så. Panelen fick visserligen mittdelen neddragen ett stycke, men den byggdes långt ifrån samman med växelspakskonsolen. Att Coggiola var på rätt väg med sin panel visas av att Saab 900 och en rad andra bilar långt senare fick den här typen av panel, som välver sig "runt" förarplatsen.

Coggiolas tankar kring formen på bilens nosparti kunde i stort sett behållas, även om det nu inte fungerade helt och fullt.

Gunnar A Sjögren är den som främst jobbade vidare på den italienska designen och anpassade den till den bistra

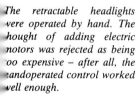

Full fart i tillverkningshallen. Ett till synes oändligt antal 70:or avsedda för USA-marknaden håller på att färdigställas. Typiskt för 70 års modell är grillen med tre horisontella ribbor, som bara fanns just det året.

Production at full swing in Arlöv. A seemingly endless line of 1970 models being assembled for the US Market. The 1970 models can be distinguished by the grille with its three horizontal bars – a design only seen in that year.

*uftkonditionering var ett
pulärt extra tillbehör i
SA. Aggregatet, av fabrikat
oolair, placerades under in-
rumentpanelen, mittbilden
h, ovanför passagerarens
n. Överst reglagena, ne-
rst kompressorn, placerad
d sidan av motorn i det re-
n tidigare otroligt trånga
otorrummet. Kyleffekten
i aggregatet var mycket bra i
n lilla kupén.*

*ir conditioning was a popu-
r accessory in USA. The
nit made by Coolair was in-
alled under the instrument
anel, above the knees of the
ccupants. At top controls fit-
d and far below the com-
ressor was somehow squee-
ed into the already cramped
ngine compartment. The
ooling effect was extremely
ood in the tiny cockpit.*

verkligheten. Det var också han som senare ritade den helt nya grill, vars tema – med ett inramat mittparti – också kom att gå igen på en rad "vanliga" Saabar senare.

– De italienska skisserna var nog snygga, men det var drömbilar som inte gick att bygga, kommenterar han det italienska inhoppet, som krävde mycken möda här hemma innan karossformen var användbar.

– Grillen gick t ex inte att göra så låg som den italienske designern tänkt sig, berättar han. Sidofönster bakom dörrarna var nödvändiga för att ge en acceptabel sikt snett bakåt. Bulan över motorn måste också göras större för att motorluckan skulle kunna stängas. Samtidigt kunde bulan maskeras genom att delvis målas matt svart, vilket trollade bort intrycket av höjd helt och hållet.

De fällbara strålkastarna behölls trots att de var komplicerade och kostade stora pengar att tillverka. De var nödvändiga, eftersom inbyggda strålkastare hade hamnat lägre än lagen medgav. För att göra dem så billigt som möjligt, kom de att manövreras för hand, genom att ett handtag på instrumentpanelen drogs ut. Porsche kom ungefär vid den här tiden med "Folkporschen", eller 914 som den hette och den hade samma typ av strålkastarmontering, men de tyska konstruktörerna hade valt att satsa på elmotorer som manövrerade strålkastarna.

Sådana var också på gång för Sonett III, men planerades inte förrän till årsmodell 71 eller 72, medan den första årgången skulle ha lågpriskonstruktionen. När det kom till kritan lanserades aldrig elmotorerna.

En annan detalj som också diskuterades, men som bantades bort bl a av kostnadsskäl, var ett "innanfönster" mellan sittutrymme och bagagerum, alltså ovanpå bränsletanken. Meningen var att glasrutan skulle skärma av en hel del buller som letade sig in i bilens bakparti, men tanken kom aldrig till utförande, eftersom bullret leddes via chassit – inte genom kupén.

En prototyp till den nya Sonetten med den nya karossen byggdes, om än med en rad modifieringar, som inte gillades av den italienske formgivaren.

Bland annat kördes en bil i en täckt släpvagn upp till norra Finland, där Saab hyrt en avsides jaktstuga. Vägarna var ensliga och utmärkta för de avslutande körproven – men en gång höll det på att gå illa:

– Vi hade letat oss ganska långt österut, nära ryska gränsen där vi landade omilt efter att ha lättat på en länsmansrygg, berättar ingenjör Kjell Knutsson, som var med vid proven.

– Oljetråget slogs sönder och all motorolja rann ut på några sekunder. Det var långt till civilisationen och vi drog lott om vem som skulle gå tillbaka efter hjälp, respektive vem som skulle vakta bilen, fortsätter han.

– Jag trodde att jag vann eftersom jag slapp att promenera, men frågan är om jag inte förlorade för det här hände mitt i värsta myggsäsongen och bilen blev snabbt helt svart både ut- och invändigt av mygg. Det tog många timmar innan hjälpen kom och jag hann bli helt sönderstucken, berättar Kjell Knutsson.

– Några problem med nyfikna bilentusiaster hade vi däremot inte. Vi åkte helt enkelt ifrån dem och sedan svängde vi in på någon sidoväg, där vi placerade bilen under en gran, övertäckt med ett grönt skynke.

Proven i Finland var något som underströks i pressmeddelandena då Sonett III visades upp så småningom.

Vad man inte talade om var att man snart funnit att den flackt lutande bakrutan immade igen mycket lätt. En glasruta med inbyggd elvärme var nödvändig, men skulle bara kunna levereras mot extrakostnad, tänkte man sig så sent som några månader innan bilen skulle lanseras. Någon elbakruta kom nu aldrig – utom på en provbil – mycket beroende på att Saab vid den tiden hävdade att systemet inte var speciellt lyckat och att det tog för mycket elström.

När Sonett III premiärvisades på bilsalongen i New York 1970 fanns den i två utföranden, standard och "lyx". Skillnaden dem emellan var hårfin. Medan standardmodellen hade vanliga plåtfälgar – samma som Saab 96 – försågs lyxmodellen med fälgar av lättmetall i ett utförande, som var unikt. Fälgarna hade producerats av ett litet företag – Tunaverken – i Eskilstuna och användes enbart på just 1970 års modell av Sonett.

Interiört skiljde sig klädselmaterialen åt mellan de två versionerna. I basutförandet hade bilen brun manchesterklädsel på sittytorna, medan stolarnas kanter kläddes med ett plastmaterial i samma kulör.

Lyxmodellen hade däremot skinnklädsel.

Gemensamt för båda versionerna var att motorn egentligen var starkare än specifikationerna angav. Hemligheten var de dubbla avgasrör Sonetten försågs med för att förbättra frigångshöjden. De gjorde att motorn "andades" lättare vilket gjorde att motorn blev livligare och något starkare än samma motor i vanliga Saab 96.

Nu gick Saab aldrig ut och talade om den här effektökningen. Man ville helt enkelt inte råka ut för att tvingas gå igenom hela proceduren med kontroll av avgaser osv för den amerikanska marknaden. Istället höll man god min och menade att motorerna var desamma som i tidigare bilar – även om säkert en och annan spekulant skulle ha fallit för det klassiska argumentet "starkare motor".

Värt att notera är att Sonett III inte bar något som helst emblem som visade vem som ritat karossen. Saab gjorde visserligen inte någon hemlighet av vem som hållit i ritstiftet, men som sagt, karossen kom att sakna Coggiolas emblem. Sådana hade diskuterats, men det kom aldrig längre än till protokollförda diskussioner, kanske beroende på att den italienska formen fått så mycken svensk hjälp.

Fälgarna ändrades 1971 och gavs då ett utseende som starkt påminde om de lyxfälgar Saab EMS hade. Ytterligare ett steg mot Saab-utseendet kom på 72 års modell då Sonetten fick den tidigare nämnda nya grillen, med drag av vad som senare skulle komma på 99:an.

Nästa stora utseendeändring kom 1973 då även Sonetten fick de rejäla stötfångare, som lanserats året innan i det övriga programmet. Stötfångarna var visserligen effektiva och kunde svälja småkrockar utan några som helst skador, men de kunde inte med bästa vilja i världen sägas smälta in i bilens linjer.

*Sista Sonetten*

*The last Sonett*

*den engelska provanlägg-*
*ngen MIRA lät Saab prova*
*a Sonettens egenskaper i*
*ndtunneln, flera år efter det*
*t produktionen upphört.*
*et visade sig då att teorierna*
*öll – de värden som räknats*
*am stämde och man notera-*
*e att det s k $C_w$-värdet höll*
*34.*

*id vindtunnelproven under-*
*öktes också om en spoiler*
*culle ha minskat luftmot-*
*åndet. Olika arrangemang*
*yggdes upp av papp och tejp*
*ch visade sig nog så gynn-*
*amma.*

*everal years after production*
*ad ended Saab tested the So-*
*ett's aerodynamic qualities*
*n the MIRA wind tunnel in*
*England to see how well the*
*esign theory held up: the cal-*
*ulated value matched the*
*neasured $C_w$ reading of 0.34.*

*During the wind tunnel tests,*
*aab's engineers studied the*
*xtent to which a spoiler*
*ould have improved the drag*
*igure. Various arrangements*
*sing cardboard and tape*
*roved that this would have*
*een the case.*

1974 blev den sista årsmodellen av Sonett, då bilen såg i princip likadan ut som 1973. Orsaken till nedläggningen sades vara att det skulle ha blivit alltför dyrbart att modifiera Sonetten så att den skulle klara alla lagkrav som var på gång.

Men motorkonstnärerna i Saabs laboratorium i Södertälje hade en överraskning på gång. Turboladdning hade visat sig ge sådana resultat att man knappast längre behövde en speciell sportbil för att behålla Saabs image som producent av sportiga bilar.

Till en del kan alltså Turbon sägas vara en av de orsaker som gjorde att Sonetten slutade tillverkas.

Även om – som vi ska se på följande sidor – man långt ifrån tappade intresset för sportbilar i och med att Sonett III lades ned.

SONETT III:
Our ideas are meant to be driven

Sonett is SAAB's exciting new idea in sports cars. It's a superb automobile that'll keep you out on the road long after other cars bore you. That's because Sonett is totally unique. It has features that can't be found together in any other sports car in the world.

Features like front wheel drive. Front wheel drive that pulls you around curves as smoothly as if you were roaring down some straightaway. And you're going to do a lot of roaring in this well built Swede.) In all kinds of weather, Sonett's front wheel drive, with its V-4 engine up front where the power is, gives you the kind of handling and traction, that'll spoil you for any other car you drive.

And nobody else has Sonett's dual diagonal braking system. With each circuit connected diagonally to a front and rear wheel, you'll stop on a straight line, even if one circuit should happen to fail.

There's also a lot of great ideas on the outside. Extensive wind tunnel tests have resulted in a design that cuts wind resistance to a minimum. You can knife through wind knowing that the Sonett is incredibly stable at extremely high speeds. And with a drag factor of 0.31, the lowest of any car in its class, you'll be getting fabulous gas mileage at those speeds.

Any way you look at it, Sonett is one of the toughest cars around. Take, for instance, the fiberglass body that covers the most rigid lightweight chassis on any sports car. Its semi-monocoque steel construction includes roll-over protection bars in the windshield pillars and built-in roll bars behind the seats. When you're barreling along the highway it's nice to know your car is strong enough to take it. But then what else would you expect from a company that's making some of the most advanced jet aircraft today?

But the Sonett III has got a lot of other nice things that are easy to take. Like a 4-speed shift on the floor, molded fiberglas bucket seats, retractable head lights, full instrumentation, and a leather covered steering wheel. And if you want a little more than everyone else, we can give you air conditioning, aluminum wheels, and leather upholstery.

The best idea we had was Sonett's price. It's a lot less than you'd expect for a car that has so much going for it. But like all good ideas, Sonett III isn't mass produced. It's a limited edition sports car for people who are looking for new ideas.

**SAAB**
The well-built Swede

The only car in the world made by a manufacturer of advanced jet aircraft

# KAPITEL TOLV

# "X-bilarna"
# – efterföljarna
# till Sonett III

... vi förstår att situationen i världen gör att ni vill skjuta på projektet ..

**Italiensk formgivare i brev till Saab december 1973**

Tro inte att Saabs intresse för sportvagnar dog, när Sonetten lades ned.

Projekt ST – eller X30 – var tänkt som en direkt efterföljare till Sonetten och skulle rätteligen ha kallats Sonett IV om den kommit i produktion. Bilen skulle ha lanserats så tätt inpå III:ans nedläggning som möjligt och man räknade kallt med att april 1973 var en lämplig tidpunkt.

Bilen skulle ritas av en utländsk designer. Den skulle utnyttja Saabs tvålitersmotor och i en bisats nämns också att den kanske kunde förses med dubbla förgasare och turbo! Priset beräknades till maximalt 5 500 dollar och bilen sågs som en konkurrent till bland annat Chevrolet Corvette, Datsun 240 Z och Porsche 914, för att bara ta några exempel.

Nu kom energikrisen mycket olägligt för det här projektet och det lades därför på is under obestämd tid och rann senare ut i sanden.

Även Björn Andreasson ritade på en efterföljare till Sonett III, en 2+2-sitsig bil med 99-motorn placerad bak och fram, alltså till största delen bakom framhjulen, precis som motorn vänts i den urspungliga Sonetten från mitten av 50-talet.

I linjerna påminde den 4,1 meter långa bilen starkt om den kupé Audi kom att bygga på basis av sin 100-modell under 70-talet. Andreasson skissade på ett fällbart baksäte som uppfällt gav plats för två – små – barn. Med nedfällt baksäte var bilen helt tvåsitsig, men med rekordstort bagageutrymme, som nåddes genom den uppfällbara bakluckan.

Det här var inte de enda sportvagnsprojekten. En italiensk formgivare ritade på en liten sportvagn som också var tänkt att ersätta Sonett III, men försedd med 99-delar under skalet. X 18 som bilen kallades ritades i ett antal utföranden, där en utpräglad kilform och mjukt rundade linjer var gemensamma teman.

Även här kom energikrisen emellan och istället för att jobba med exklusiva sportbilar fick teknikerna ägna all möda åt att arbeta fram energisnåla lösningar som man började ana skulle bli framtidens melodi.

*Många har ritat förslag till en efterträdare till Sonett III. Här är ett par förslag signerade Pietro Frua överst t v, Björn Andreasson nederst. Överst t h X18.*

*Many designers have sugges-ted various successors to the Sonett III. Here are a couple of them signed Pietro Frua top left and Björn Andreas-son below. To the top right i the "X 18".*

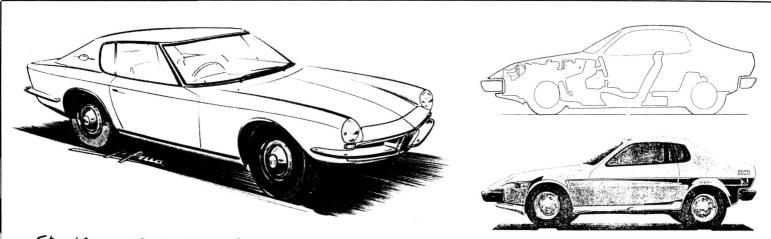

Studio di Coupé Sport su SAAB

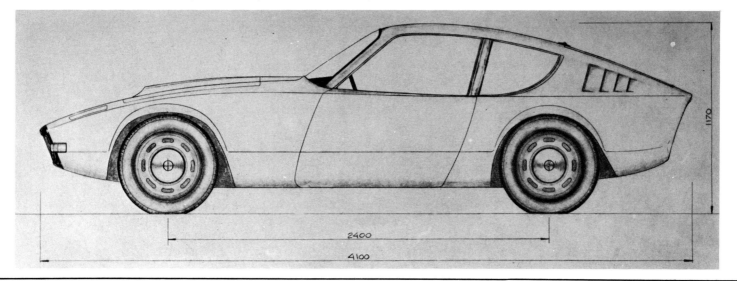

1170

2400

4100

# KAPITEL TRETTON

# Sonetten i tävlings- sammanhang

**– Vi åkte lika fort som Porsche 904!**

**Erik Carlsson**

– Ni kommer kanske aldrig att tävla med den, även om den gör bra ifrån sig i sådana sammanhang. Men ni kommer att bli frestad, saxar vi ur broschyren för Sonett årsmodell 68 där det till yttermera visso visades en bild på en Sonett V4 med tävlingsnummer på dörrarna...

Sonettens tävlingshistoria börjar dock långt innan V4:an blev aktuell. Som nämnts tidigare i den här boken var grundtanken hos Rolf Mellde att bygga en bil, skräddarsydd att vinna vissa tävlingar – främst Svenska rallyt – där de vanliga standardsaabarna inte kunde hävda sig.

Premiären för Sonetten i tävlingssammanhang begicks emellertid på bana, på Gelleråsen utanför Karlskoga 1957.

– Vi slogs mot en massa Lotusar, Elvor och andra av den tidens etablerade supersportvagnar, minns Rolf Mellde.

– Sonetten var så fin på banan, lägger Erik Carlsson till. Han var en av förarna som kämpade mot övermakten. Bilen var så speciell att den fick tampas mot supersportvagnarna, trots att Sonetten hade en motor som långt ifrån kunde mäta sig med de övrigas.

Vi hade inte något att sätta emot de andra under vanliga förhållanden, fortsätter han. Men det kom en regnskur och det var rätta medicinen. När det regnade hade de andra inte en chans utan hamnade i halmbalarna när de försökte hänga med.

Någon riktig tävlingsbil hann inte Sonetten bli på femtiotalet. Reglerna ändrades och bilen blev som vi redan nämnt ointressant över en natt. Innan dess hade den i alla fall hunnit vara med på Kristianstads GP:

– Där vann jag i alla fall Concours d'Elegance, kommer Erik Carlsson ihåg. Bilen belönades med en elegant silverplakett som skruvades fast på instrumentpanelen. Jag undrar om den finns kvar än idag?

Utöver några få tävlingar blev det inte fler framträdanden för Sonetten på banan förrän produktionen av Sonett II kommit igång.

Den gången kom debuten som något av en överraskning – för att inte säga chock – för Saabledningen. Det var

*En av de första Sonetterna gick till importören i Schweiz, som skulle ha den som demonstrationsbil. Istället för att skjutsa kunderna runt kvarteret tävlade han med bilen – med den äran. Bilderna här är från St. Ursanne- Les Rangiers 1966, Hockenheim 1966 och Ollon-Villars 1967.*

*One of the first Sonett IIs was shipped to Saab's importer in Switzerland to be used as a demonstrator. Instead of running customers around the block, he entered in various races – and did well, too. These pictures are from Hockenheim and St Ursanne-Les Rangiers in 1966 and Ollon-Villars in 1967.*

*T v. Interiören i bilarna var
nära nog helt standard, till
och med mattorna fick ligga
kvar. Instrumenteringen
framför kartläsaren bestod av
två extra Halda trippmätare
och en klocka kompletterad
med ett stoppur. Under pane-
len ett fack för kartor och
andra papper samt en kart-
lampa med lång flexibel arm.
Det här är den bil Pat Moss
körde – den känns igen på
den extra cigarrettändaren in
vid stavlampan på förarsi-
dan. Pat rökte nämligen
praktiskt taget i ett och ville
ha en tändare lätt till-
gänglig...*

nämligen inte någon av de etablerade förarna som stod för
debuten på bana.

I Schweiz hade Saab en importör, Paul Macchi, som var
lindrigt sagt tävlingsglad. Under årens lopp hade han kört
både 96 och Saab Sport och tagit hem åtskilliga segrar i
olika tävlingar, t ex i backe och slalom(!). Han fick en tidig
Sonett att visa upp för hugade spekulanter – en ren de-
monstrationsbil. Nu kunde inte Paul Macchi hålla fingrar-
na i styr, utan tog på helgerna ut den röda bilen på täv-
lingsbanan och slog konkurrenterna med häpnad. Bilen
klassades visserligen som "prototyp", då alldeles för få
Sonetter hunnit byggas vid den tiden. Det förde med sig
att den fick tampas i samma klass som betydligt extremare
vagnar. En klass-seger blev det i alla fall vid premiären och
sedan fortsatte Macchi länge med bilen i samma takt. 1966
blev han totalt fyra i sportvagnsklassen i det schweiziska
mästerskapet som omfattade en serie tävlingar av olika
slag, på bana, i backe, rally osv.

– Jag var också med och tävlade på Monza med Sonet-
ten, liksom på Hockenheim, berättar Paul Macchi. Frågan
är om inte den formen av demonstration slår bättre än att
låta kunderna köra runt kvarteret i demonstrationsbilen...

ASJ, som byggde bilen, insåg också att tävlingsmeriter
skulle sälja och undrade om inte Saab tänkte tävla med
Sonetten.

Torsten Åman var på den tiden kartläsare och andrefö-
rare åt Erik Carlsson. Vem kan bättre än han berätta hi-
storien om hur Sonetten skulle bli rallyvinnare internatio-
nellt:

– Det är klart att Saab tände på idén och på stående fot
beslöt man att göra i ordning två bilar till legendariska
storrallyt "Coupe des Alpes" 1966, berättar han.

Rallyt kördes i september varje år med start och mål
utanför Marseille. Coupe des Alpes körs på Alpernas kro-
kigaste vägar – upp och ned i ändlösa hårnålskurvor i ett
mördande tempo. Underlaget är uteslutande asfalt, något

*In the rally cars, the interio
was kept more or less stan-
dard – even the carpeting wa
retained. The instruments i
front of the co-driver consis-
ted of two extra Halda trip
meters and a watch with
stopwatch. Below the pane
were compartments for map
etc., and a map-reading lam
on a flexi-arm. This is the ca
that Pat Moss drove – it ca
be recognized by the extra c
garette-lighter on the dash
next to the flashlight on th
driver's side. Pat was virtua
ly a chain-smoker and wante
a lighter always close at han*

som passade den nya Sonetten som handsken handen.

Sonetten fick starta i sportvagnsklassen och det innebar att man kunde trimma relativt fritt. Grabbarna på tävlingsavdelningen i Trollhättan borrade upp två tvåtaktsmotorer från ursprungliga 841 cm$^3$ till 940 cm$^3$, vilket gav en effekt på 93 hästar. Inte dåligt, kommenterar Torsten Åman.

Eftersom bilarna samtidigt lättades så långt det var möjligt och växellådorna växlades ner, blev accelerationen näst intill fenomenal: 0-100 km/h gick på ungefär 8 sekunder, vilket var en utomordentligt bra siffra på den tiden. Tänk på att dagens Turbo behöver 9 sekunder till samma hastighet...

Toppfarten blev inte särskilt hög med den här ändringarna – bara runt 140 km/h. Det var dock oväsentligt – Coupe des Alpes körs på de krokigaste vägar som existerar och farterna kommer sällan över 100km/h.

– Om Sonetten var lätt och behändig, så innebar det inte att den också var lättkörd. Tvärtom! Med supertrimmade

tvåtaktsmotorn under boetten krävdes det verkligt motoröra för att få ut full effekt, berättar han vidare.

Det här var någonting som vi kom underfund med på vägen ner genom Europa. Det gällde att hela tiden hålla ordentlig snurr på grejorna – så fort motorvarvet gick ner under 3 500 rpm ville den stanna. För att ge full effekt vid hård belastning gällde det också att välja rätt tändstift. Dagens bilägare kan inte föreställa sig vilka problem vi hade med tändstiften på den tiden!

Var de för "mjuka" blev motorn visserligen lättstartad, men sedan riskerade man svåra motorskador, när man satte igång att köra hårt. Valdes "hårda" stift – som skulle stå pall för hårdkörning – blev motorn nästan omöjlig att få igång när den var kall...

– Under 14 dagar tränade vi hela tävlingsbanan intensivt, men då körde vi vanliga 96:or med sportmotorn på 55 hästar. Varenda kurva och varenda meter av den drygt 500 mil långa tävlingsbanan antecknades noga – s k "noter" –

och efter drygt två varv på banan (nära 1 200 mil!) var vi klara för start.

Erik och jag körde en silverfärgad bil, medan Pat och hennes codriver Elisabeth Nyström hade en röd. Enda skillnaden mellan bilarna var att vi i vår bil hade plockat ur sätena för att få bättre takhöjd. I stället satt vi i tävlings-stolar som gjorts extremt låga. Vi måste ju kunna ha hjälm på oss...

Direkt efter starten stod det klart att bilarna var mycket konkurrenskraftiga. Vi hängde med de allra snabbaste sportvagnarna på specialsträckorna och det verkade myc-ket lovande.

– Vi kunde till och med hålla jämn takt med Porsche 904:orna, som var dåtidens sensationsbilar, drar sig Erik Carlsson till minnes.

– Men vid starten till en specialsträcka var det klippt: När jag kastade mig in i högerstolen efter att ha stämplat in avgångstiden på tidkortet vid en kontroll, vägrade mo-torn att gå rent. Den hostade och spottade och det stod helt klart att det var ett av tändstiften som "slagit igen". Medan sekunderna tickade iväg slet vi upp huven och rev ut alla tre stiften. Nya fanns i en speciell hållare under huven och efter ungefär två minuter var vi på väg igen.

– Än i dag kommer jag ihåg hur ilsken Erik var sedan. Han formligen vräkte fram Saaben på de krokiga alpvä-garna för att försöka köra in den förlorade tiden. Upp och ner i hårnålskurvorna i en stil som var något av det mest brutala jag sett, berättar Torsten Åman.

Men det hjälpte inte. Återigen började motorn gå orent och trots nytt tändstiftsbyte (vi hade gott om extra stift...) fick vi inte någon ordning på motorn. Vi hankade oss fram på en och två cylindrar för att försöka nå vår nästa service-punkt där mekarna väntade, men vi kom aldrig ända fram. Stående bredvid vägen fick vi se våra konkurrenter susa förbi.

Bara en saknades: Pat! Pat hade startat efter oss och borde alltså komma. Men det gjorde hon inte. När vi efter

ett par timmars väntan blev upplockade av en av våra servicebilar, rapporterade de att Pat och Elisabeth också tvingats bryta med samma problem som vi: Motorn gick inte rent och till slut stannade även deras bil.

Det här verkade mystiskt. Skulle två bilar nästan samti-digt drabbas av samma fel, trots att de ända fram till start-ögonblicket gått som spjut? Erik och jag slogs samtidigt av samma misstanke: Kunde det vara något med bränslet?

Vi tog bränsleprov på båda bilarna och efter hemkoms-ten till Sverige lämnade vi proverna för analys. Det visade sig då att bensinen var kraftigt förorenad – av vad var svårt att fastställa. Föroreningarna gjorde sedan att ett eller fle-ra av tändstiften slog igen varpå motorn stannade.

Någon klarhet i vad som skett fick man alltså inte, men från den tidpunkten hade Saab alltid låsbara tanklock på sina tävlingsbilar.

– En sak var jag helt på det klara med, säger Erik Carls-son. Vi skulle knappast ha kunnat klara hela rallyt – även om vi sluppit bränsleproblemen. Bilen gick fort – mycket fort – men den åt också däck i en takt som vi inte kunnat ana ens i vår vildaste fantasi.

Det kanske trots allt var tur i oturen att vi inte kom längre, kommenterar han sitt Sonett-tävlande i Coupe des Alpes.

De två Sonetterna kom aldrig till användning i tävlings-sammanhang igen – helt enkelt därför att det inte fanns någon tävling där de passade – Sonetten har ju alltid varit en utpräglad asfaltbil och de flesta rallytävlingar körs ju på grusväg.

Tre år senare, 1969, startade finländaren Simo Lampinen i Monte Carlo-rallyt med en Sonett V4. Han höll på att vinna tävlingen innan han blev diskad för att ha missat en passerkontroll. Men det är en helt annan historia...

Paul Macchi gjorde också några försök att tävla runt om i Europa med en Sonett V4:

– Tyvärr räckte inte motorn vid den tiden till för att bilen skulle kunna konkurrera, berättar han.

Därmed kan man utan vidare säga att tävlingshistorien för Sonett är ett avslutat kapitel – även om andra privatförare på olika håll i världen under många år kört med den tuffa sportvagnen i olika sammanhang. Någon satsning från Saabs sida har emellertid inte gjorts efter det misslyckade försöket i Coupe des Alpes.

De två bilderna nedan visar ett chassi som prepareras av Motor Sport Service i Jamestown NY. Bränsletanken är av säkerhetstyp, en kraftig bur skyddar föraren och nästan all inredning är bortplockad. Notera småhjulen som fästs till chassit för att göra det lätt flyttbart på verkstadsgolvet!

*Även om Sonetten aldrig blev den tävlingsbil Rolf Mellde från början tänkt sig har den trots allt nått en rad framgångar – inte minst i USA, där bilderna tagits. De här Sonett III:orna körs av en firma som säljer tillbehör och trimmar just Sonetter. En rad framgångar har noterats med dessa ekipage.*

*Although the Sonett never became the racing car that Rolf Mellde originally had been looking for, it did achieve some success in motor sports, not the least in USA where these pictures were taken. These Sonett IIIs are run by a company that sells accessories and specializes in tuning Sonetts. They won a number of races with cars shown here.*

*Pictures to the left show a chassi modified by Motor Sport Service, Jamestown N.Y.. The tank is replaced by a special fuel cell, much safer than the ordinary tank. A cage protects the driver in an accident. Most of the interior has been removed to make the car lighter. Note the small wheels used to make the car easier to move in the work shop.*

# KAPITEL FJORTON
# Årsmodell-kavalkad

## Finsmakare, vad säger ni?
### Broschyr för Sonett -68

## 1966

### Två dussin förseriebilar

I januari 1966 visade Saab upp de första seriebilarna – fortfarande närmast att betrakta som prototyper, men i stort sett med samma form som de senare "riktiga" seriebilarna.

Internationellt debuterade Sonett II på bilsalongen i Geneve, där en bil visades upp i Saabmontern, medan en annan fanns tillgänglig för provkörning på en tävlingsbana i närheten.

Under april månad visades bilen i New York.

Förseriebilarna hade en oval plastgrill med nätklädd öppning över luftintaget.

– Den ser ut som högtalaren på en förkrigsradio, skrev en journalist, som inte var överdrivet imponerad av utseendet.

Körriktningsvisarna fram bestod av droppformade armaturer, placerade antingen ovanpå el-

*Interiören gick i grått och svart utom instrumentpanelen, som hade valnötsyta.*

*The interior was done up in grey and black, with the exception of the instrument panel which had a walnut finish.*

ler vid sidan av framflyglarna. Den lätt fällbara motorhuven låstes med två förkromade lås.

Interiören gick i grått och svart med undantag för instrumentpanelen. Den tillverkades i mahognyplywood med yta av valnöt. Instrumenten var desamma som i Saab 850 Monte Carlo. Handskfack saknades helt. Stolarna var gjutna i glasfiberarmerad plast, saknade nackstöd och var klädda med tyg på sittytorna, medan kanterna var förstärkta med vävburen svart plast. Bakom stolarna, ovanpå lådan som omgärdade bensintanken, fanns en förkromad störtbåge.

Totalt byggdes 24 förseriebilar under 1966, föregångna av fyra rent hantverksmässigt byggda prototyper, innan serieproduktionen kom igång hösten samma år. Seriebilarna räknas dock som årsmodell 1967.

Tio av de 24 bilarna såldes aldrig. Sex behölls av Saab för utprovning, resten brukades som tjänstebilar, för underleverantörer att prova sina produkter i osv.

### Saab 97/Sonett årsmodell 1966
**Chassinummer 1 – 28**
**Totalt tillverkades under modellåret 4+24 bilar.**
**Motor:** Tvåtakts trecylindrig radmotor med vattenkylning. Cylinderdiameter 70 mm, slaglängd 72,9 mm. Slagvolym 841 cc. Max effekt 60 hk DIN vid 5 200 rpm. Största vridmoment 9,6 kpm vid 4000 rpm. Kompression 9,0:1. Tre Solex horisontalförgasare. En vevaxeldriven pump matade smörjolja från en separat tank genom motorblocket till smörjställena. Elektrisk kylfläkt, till- och frånslag via termostat.
**Kraftöverföring:** Framhjulsdrift, frihjul. Fyrväxlad låda med rattväxelspak. Samtliga växlar synkroniserade.
**Bromsar:** Skivor fram, trummor bak, tillverkade av Lockheed. Diagonaldelat tvåkretssystem.
**Mått/vikt:** längd 3 770 mm, bredd 1 445 mm, höjd 1 116 mm, axelavstånd 2 149 mm. Spårvidd fram/bak 1 220 mm. Tomvikt ca 660 kg. Tjänstevikt 780 kg. 60 procent av tjänstevikten på framhjulen.
**Prestanda:** Acceleration 0-80 km/h ca 9 sek, 0-100 km/h ca 12,5 sek. Toppfart ca 150 km/h.

# 1967

## Första riktiga Sonetterna

*Instrumenten placerades i 67:an direkt i valnötspanelen. Föregående modellår hade instrumenten i en liten plåtpanel, fäst i träytan.*

*In the 1967 version, the instruments were mounted directly in the walnut dash. Previous year, they had been grouped on a steel mounting that was fitted into the plywood panel.*

1967 års modell av Saab 97 var den första seriebyggda. Tidigare bilar var antingen prototyper eller förseriebilar.

De seriebyggda bilarna fick en ny grill med mer strikt utseende. Luftintaget, som nu var rektangulärt, täcktes av horisontella ribbor. Vid sidan av grillen fanns runda parkeringsljus/blinkers. Ovanpå huven, framför den diminutiva buan över motorn placerades ett SAAB-emblem i den för tiden karakteristiska höga, hoptryckta stilen. Anmärkningsvärt är att bilen helt saknade beteckningen "Sonett" – alla emblem talade enbart om att bilen var av märket Saab.

Ventilationen hade visat sig miserabel i förseriebilarna, varför en del mindre estetiska detaljer måste till. Framför vindrutan placerades en kåpa som ledde ned luft i värmesystemet och bakom dörrarna "öron" som förbättrade utsuget av kupéluften.

De tidigare förkromade triumphlåsen för motorhuven byttes ut mot enkla gummilås, av samma typ som användes på tävlingsbilar.

Bromsarna modifierades, liksom interiören. Fortfarande hölls färgerna i grått och svart, men stolarna fick klädsel i perforerad vävburen plast. Samma material kom igen i dörrklädslarna. Handskfack saknades fortfarande, men framför passageraren fanns nu ett uttag för bilradio i plywoodpanelen. Instrumenten, som i förseriebilarna suttit samlade i en plåtpanel, monterades nu direkt i instrumentbrädan. Framför föraren fanns hastighetsmätare – med väg- och trippmätare –samt varvräknare. Den senare var graderad till 7 000 rpm med röda strecket vid 5 500. De båda huvudinstrumenten flankerades av till vänster en bränslemätare och till höger en kylvätsketempmätare och i panelens mitt en klocka. Startnyckeln placerades till vänster medan huvuddelen av de övriga reglagen fick plats i panelens mittdel.

Maskinellt skiljde sig inte seriebilarna från tidigare modeller.

### Saab 97/Sonett årsmodell 1967
**Chassinummer 29 – 258**
**Totalt tillverkades under modellåret 230 bilar av typ II.**
**Motor:** Tvåtakts trecylindrig radmotor med vattenkylning. Cylinderdiameter 70 mm, slaglängd 72,9 mm. Slagvolym 841 cc. Max effekt 60 hk DIN vid 5 200 rpm. Största vridmoment 9,6 kpm vid 4000 rpm. Kompression 9,0:1. Tre Solex horisontalförgasare. En vevaxeldriven pump matade smörjolja från en separat tank genom motorblocket till smörjställena. Elektrisk kylfläkt, till- och frånslag via termostat.
**Kraftöverföring:** Framhjulsdrift, frihjul. Fyrväxlad låda med rattväxelspak. Samtliga växlar synkroniserade.
**Bromsar:** Skivor fram, trummor bak, tillverkade av Lockheed. Diagonaldelat tvåkretssystem.
**Mått/vikt:** Längd 3 770 mm, bredd 1 445 mm, höjd 1 116 mm, axelavstånd 2 149 mm. Spårvidd fram/bak 1 220 mm. Tomvikt ca 660 kg. Tjänstevikt 780 kg. 60 procent av tjänstevikten på framhjulen.
**Prestanda:** Acceleration 0-80 km/h ca 9 sek, 0-100 km/h ca 12,5 sek. Toppfart ca 150 km/h.

# 1968

## V4 även i Sonetten

På bilsalongen i Frankfurt hösten 1967 visade Saab också upp Sonetten med fyrtaktsmotor. Den Fordkonstruerade motorn hade köpts av Saab, som behövde en ersättare för tvåtaktsmotorn i familjebilen 96. Det hela slog väl ut och försäljningen ökade och 96:an kunde leva vidare ända in på 80-talet.

I Sonetten var däremot V4:an inte så lyckad. Den var visserligen lika stark – t o m några hästar starkare – men samtidigt 35 kilo tyngre än tvåtaktsmotorn. Viktökningen kan tyckas liten i sig, men kom praktiskt taget helt att belasta framhjulen, vilket radikalt ändrade bilens karaktär på vägen.

V4-motorn i Sonetten var i stort identisk med motorn i Saab 96. Ventilfjädrarna byttes dock mot hårdare, för att bättre tåla "sportig" körning. Dessutom krävdes ett annorlunda luftfilter för att motorpaketet överhuvud taget skulle få plats under huven. Två pappersfilter placerades i nedåt bakåtriktade "snablar" förbundna med en platt enhet ovanpå förgasaren. Avgassystemet fick dubbla rör.

Växellådan behölls näst intill identisk med standardbilens. Bara slutväxeln ändrades för att

*T v Erik Carlsson och tävlingschefen Bo Svanér vid en 67:a. Lägg märke till den ribbade grillen, en nyhet för året. V4:an, närmast t h, skiljer sig också exteriört från tvåtaktarna, bl a genom bulan i motorhuven och "stötfångarna" av hårdgummi. Nya navkapslar kom också samma år.*

*Erik Carlsson (left) and Bo Svanér, deputy competitions manager, together with a 1967 Sonett II. Note the grille with its horizontal bars – new that year. The Sonett V4 at right can be distinguished from the two-stroke version by the power bulge on the hood and the hard rubber bumpers.*

kompensera Sonettens lägre vikt. Sonetten gjorde – teoretiskt – hela 29,0 km/h vid 1000 motorvarv, medan standardbilen vid samma varvtal bara gjorde 24,9 km/h.

V4-motorn hade helt annan karaktär än tvåtaktaren, som krävt ideligt växlande för att ge sitt yttersta. Fordmotorn var mer sedesam och krävde inte alls samma flit med växelspaken, vilket uppskattades i vardagstrafik, men hatades av entusiasterna, som krävde mer temperament av en sportvagn.

Även estetiskt blev bilen lidande på motorbytet, som krävde en kraftig puckel på motorhuven. På bulan placerades under modellåret ett emblem med texten "Sonett V4" i grått på svart botten.

Interiört märktes en ny panel i plast, krymplackerad i svart. Ett handskfack kom till, men det var nära nog oanvändbart eftersom det saknade lucka, varför innehållet gled ut vid varje acceleration!

För att matcha den tyngre motorn försågs bilen med kraftigare fjädrar och stötdämpare och en del chassiförstärkningar. Fälgdimensionerna ökades från fyra till fyra och en halv tum. Som

tidigare användes radialdäck – "gördeldäck" – nu i dimension 155 x 15, detta för att inte öka understyrningen med den tyngre motorn.

### Saab 97 Sonett årsmodell 1968
**Chassinummer 329 – 1 228***
**Totalt tillverkades under modellåret 899 bilar.**
**Motor:** Fyrtakts, fyrcylindrig V-motor med vattenkylning. Cylinderdiameter 90 mm, slaglängd 58,86 mm. Slagvolym 1 498 cc. Max effekt 68 hk DIN vid 4 700 rpm. Största vridmoment 11,7 kpm vid 2 500 rpm. Kompression 9,0:1.
**Kraftöverföring:** Framhjulsdrift, frihjul. Fyrväxlad låda med rattväxelspak. Samtliga växlar synkroniserade.
**Bromsar:** Skivor fram, trummor bak, tillverkade av Lockheed. Diagonaldelat tvåkretssystem.
**Mått, vikt:** Längd 3 770 mm, bredd 1 500 mm, höjd 1 160 mm, axelavstånd 2 149 mm. Spårvidd fram/bak 1 232 mm. Tjänstevikt 845 kg.
**Prestanda:** Acceleration 0-90 km/h ca 9 sek, 0-100 km/h ca 12,5 sek. Toppfart ca 160 km/h.
*** Ett antal Sonett V4 byggdes före den egentliga serieproduktionens start och betecknades som årsmodell 1967. De hade chassinummer 259 – 328.**

## 1969

### Nästan oförändrad
1969 års modell var svår att skilja från föregångarna – till det yttre. Väl inne i bilen märktes dock

skillnaden. Stolarna hade bytts mot en ny modell, med höga ryggstöd, som samtidigt tjänade också som nackskydd. Det är alltså samma stolstyp som senare kom att användas i Sonett III.

En annan lätt synlig ändring var att handskfacket äntligen fått en lucka, så passageraren slapp få innehållet i famnen när föraren accelererade.

Under skalet var emellertid det mesta sig likt från tidigare årsmodeller. Värmepaketet hade dock modifierats för att bli effektivare – i övrigt var bilen identisk med 1968 års modell.

Orsaken var helt enkelt att nästa årsmodell skulle betyda en mer genomgripande modifiering, varför 1969:an inte ägnades något större arbete vad gällde ändringar – man sparade sig helt enkelt till 1970 års modell.

### Saab 97/Sonett årsmodell 1969
**Chassinummer 1 229 – 1 868**
**Totalt byggdes under modellåret 639 bilar**
**Motor:** Fyrtakts, fyrcylindrig V-motor med vattenkylning. Cylinderdiameter 90 mm, slaglängd 58,86 mm. Slagvolym 1 498 cc. Max effekt 68 hk DIN vid 4 700 rpm. Största vridmoment 11,7 kpm vid 2 500 rpm. Kompression 9,0:1.
**Kraftöverföring:** Framhjulsdrift, frihjul. Fyrväxlad låda med rattväxelspak. Samtliga växlar synkroniserade

Bromsar: Skivor fram, trummor bak tillverkade av Lockheed. Diagonaldelat tvåkretssystem.
Mått/vikt: Längd 3 770 mm, bredd 1 500 mm, höjd 1 160 mm, axelavstånd 2 149 mm. Spårvidd fram/bak 1 230 mm. Tjänstevikt 845 kg.
Prestanda: Acceleration 0-80 km/h ca 9 sek, 0-100 km/h ca 12,5 sek. Toppfart ca 160 km/h.

## 1970

### Med ny form

1970 års modell skiljde sig radikalt från föregångarna till det yttre och kallades därför Sonett III.

I nosen fanns en grill över bilens hela bredd med tre horisontella ribbor, flankerade av runda blinkers/parkeringsljusarmaturer. Huvudstrålkastarna var infällbara. Fronten var nu fast och motorn nåddes enbart genom en liten lucka. Buan över motorn hade plattats till och till stor del rollats bort genom målning med matt svart färg.

Bagageutrymmet – volym ca 200 liter – nåddes genom den öppningsbara plana bakrutan som hölls öppen med ett stag i vänster kant. Luckan öppnades med ett reglage bakom förarens högra axel.

Interiört var det viktigaste att Sonetten fått den golvväxel så många saknat. Stolarna med

höga ryggstöd var klädda med brun manchester och brun vävburen plast på sidorna. En lyxmodell fanns också där klädselmaterialet var brunt skinn.

Instrumenteringen hade också modifierats. Framför föraren fanns i centrum en varvräknare. Till vänster om den ett kombinationsinstrument, till höger en hastighetsmätare med vägmätare och tripp. Instrumenteringen – med undantag för varvräknaren – hade hämtats från familjebilen 99, liksom spakarna för blinkers och vindrutetorkare. I mittdelen av panelen fanns bl a värmereglagen. Längst till vänster fanns ett rejält handtag. Genom att dra ut det – vilket krävde en hel del kraft – fälldes huvudstrålkastarna upp och tändes samtidigt. I panelens andra ända fanns under handskfacket ett kurvhandtag för passageraren.

Emblemen på Sonett III hämtades från Saab 99. Fram användes det gamla emblemet med hög och smal text på blå botten. Bak kom Saabs nya logotype med låg och bred text till användning. Inne i bilen fanns en svart bricka med texten Sonett III i krom på panelen.

Standardmodellen hade plåtfälgar, "lyxmodellen" – dvs den med skinnklädsel – försågs med gjutna lättmetallfälgar tillverkade av Tunaverken i Eskilstuna.

Även om exteriören var ny, skiljde sig 70:an

*Den här reklambilden från introduktionen av Sonett III skulle visa inte bara att karossen fått nya linjer, utan också den stora bakrutan, som även tjänade som bagagelucka.*

*This publicity shot from the introduction of the Sonett III was taken not only to show off the new shape but also the large rear window which also served as the trunk lid.*

under skalet obetydligt från föregångarna. Det mesta var alltså modifierade delar från Saab 96.

### Saab 97/Sonett III årsmodell 1970

Chassinummer 70500001–70500303
Totalt byggdes under modellåret 303 bilar
Motor: Fyrtakts, fyrcylindrig V-motor med vattenkylning. Cylinderdiameter 90 mm, slaglängd 58,86 mm. Slagvolym 1 498 cc. Max effekt 68 hk DIN vid 4 700 rpm. Största vridmoment 11,7 kpm vid 2 500 rpm. Kompression 9,0:1.
Kraftöverföring: Framhjulsdrift, frihjul. Fyrväxlad låda med golvspak. Samtliga växlar synkroniserade.
Bromsar: Skivor fram, trummor bak, tillverkade av Lockheed. Diagonaldelat tvåkretssystem.
Mått/vikt: Längd 3 900 mm, bredd 1 500 mm, höjd 1 190 mm, axelavstånd 2 149 mm. Spårvidd fram/bak 1 232 mm. Tjänstevikt 880 kg.
Prestanda: Acceleration 0-80 km/ ca 9 sek, 0-100 km/h ca 13 sek. Toppfart ca 165 km/h.

## 1971

### Större motor

Till det yttre var 1971 års modell nästan identisk med 1970 års – men grillen hade ändrats. Istället för de tre ribborna i naturfärgad aluminium på 70:an användes nu en kantig grill i mitten av den svartlackerade nosen. Grillen hade samma form som den som 1974 kom att användas på 99 Combi-Coupé och var ritad av Gunnar A Sjögren – vanligen kallad GAS. Emblemet ovanpå nosen försvann och ersattes av ett litet, runt, placerat mitt i grillen.

Bakstammen dekormålades svart. Vindrutetorkarna ändrades så att föraren fick ett bättre siktfält vid körning i väta. Signalhornsknappen flyttades från spaken till höger om ratten till rattcentrum. Luftkonditionering – fabrikat Coolair – fanns från 1971 års modell som extra tillbehör.

Nya fälgar lanserades, 4,5 tum breda och gjutna i aluminium. De liknade dem som Saab EMS

*Nya fälgar var en av nyheterna på 1971 års modell. Här syns också dekormålningen i svart på karossens bakstam.*

*New light alloy wheels were among the new features on the 1971 model. This picture also shows the blacked out rear panel.*

senare försågs med, men till skillnad från EMS-fälgarna var inte Sonettfälgarna dekormålade utan helt i aluminium. Liksom EMS-fälgarna var de nya Sonettfälgarna tillverkade i Norge.

En osynlig men väsentlig förbättring var att dörrarna fick kraftiga skyddsbalkar inbyggda. De skulle skydda vid en krock från sidan så inte en påkörande bil trängde direkt in i kupéutrymmet.

1971 års modell fick nya ljuddämpare med större volym för att ge en tystare gång.

Största nyheten var dock motorn som försågs med en ny vevaxel som ändrade slaglängden till 66,8 mm. Det förde i sin tur med sig att slagvolymen ökade, men en samtidig sänkning av kom-

pressionen gjorde att motoreffekten inte ökade. Orsaken till övergången från 1500 till 1700 kubiksmotor var att Saab i USA inte klarade avgasnormerna med den lilla motorn. Körmässigt märktes inte några nämnvärda skillnader med den större motorn.

Värt att notera är att Sonetten 1971 för första gången tillverkades i mer än tusen exemplar under ett modellår.

### Saab 97/Sonett årsmodell 1971
**Chassinummer 71500001–71501265**
**Totalt byggdes 1 265 bilar under modellåret**
**Motor:** Fyrtakts fyrcylindrig V-motor med vattenkylning. Cylinderdiameter 90 mm, slaglängd 66,8 mm. Slagvolym 1 698 cc. Max effekt 68 hk DIN vid 4 700 rpm. Största vridmoment 11,7 kpm vid 2 500 rpm. Kompression 8,0:1.
**Kraftöverföring:** Framhjulsdrift, frihjul. Fyrväxlad låda med golvspak. Samtliga växlar synkroniserade.
**Bromsar:** Skivor fram, trummor bak, tillverkade av Lockheed. Diagonaldelat tvåkretssystem.
**Mått/vikt:** Längd 3 900 mm, bredd 1 500 mm, höjd 1 190 mm, axelavstånd 2 149 mm. Spårvidd fram/bak 1 232. Tjänstevikt 890 kg.
**Prestanda:** Acceleration 0-80 km/h ca 9 sek, 0-100 km/h ca 13 sek. Toppfart ca 165 km/h.

## 1972

### Ett mellanår
1972 års modell av Saab Sonett var helt identisk med 1971 års, och produktionen fortsatte att öka till nya rekordsiffran 2 000 bilar under ett enda modellår.

Färger som var aktuella på 72:orna var – utöver den mest kända, orange – olivgrön, röd, mörkblå samt gul, den senare dock en något brunare gul än den postgula som tidigare varit vanlig.

1972 års modell är – tillsammans med 1968 års

*Den stora glasluckan gjorde att bagageutrymmet kunde utnyttjas effektivt, men när den öppnades och var våt rann vattnet rakt ned i bagagerummet. För att hålla luckan öppen användes ett stödstag, ända fram till och med 72 års modell, sedan kom såväl "regnränna" som gasfjädrar för att hålla luckan öppen.*

*The large rear window gave easy access to the luggage compartment but had the drawback that when it was opened in rainy weather, water ran straight down into the compartment. The early models had a rod that held the window open, but on the 1972 model, this was replaced by compressed gas struts and in the same year a rain trough was added to run off water.*

– den vanligaste på svenska vägar. Orsaken är enkel.

1966 byggdes inte många bilar.

1967 satsade Saab praktiskt taget enbart på
xport och lät inte några Sonetter hamna i
verige.

1968 beslöt man att sälja en liten serie i
verige.

1969 gjordes en helomvändning, trots att
8:orna sålts direkt och några 69:or såldes aldrig
Sverige. 1970 gjorde man likadant, liksom
971.

1972 års modell började emellertid att säljas
ven på den svenska marknaden vilket är anled-
ingen till att 72:an faktiskt är den modell, som
unnits i störst antal på svenska vägar.

### aab 97/Sonett årsmodell 1972
:hassinummer 97725000001–97725002000
otalt byggdes under modellåret 2000 bilar.
Motor: Fyrtakts fyrcylindrig V-motor med vattenkyl-
ing. Cylinderdiameter 90 mm, slaglängd 66,8 mm.
lagvolym 1 698 cc. Max effekt 68 hk DIN vid 4 700
pm. Största vridmoment 11,7 kpm vid 2 500 rpm.
:ompression 8,0:1.
:raftöverföring: Framhjulsdrift, frihjul. Fyrväxlad lå-
a med golvspak. Samtliga växlar synkroniserade.
:romsar: Skivor fram, trummor bak, tillverkade av
ockheed. Diagonaldelat tvåkretssystem.
Mått/vikt: Längd 3 900 mm, bredd 1 500 mm, höjd
190 mm, axelavstånd 2 149 mm. Spårvidd fram/bak
232. Tjänstevikt 890 kg.
restanda: Acceleration 0-80 km/h ca 9 sek, 0-100 km/h
a 13 sek. Toppfart ca 165 km/h.

## 1973

### Ökad säkerhet
De stötfångare som Saab prisbelönats för lanse-
ades på Sonetten i 1973 års modell. De bestod
v plastblock, liknande en förstorad bikaka, pla-
erades på en stabil metallskena, som i sin tur
ar ordentligt fäst i bilens chassi. Skena och
lastblock är sedan överdragna med ett gummi-
iölje.

Stötfångarna dimensionerades så att de skulle
ta upp krockar i farter upp till åtta km/h – dvs
fem mph, vilket var det amerikanska kravet. I
USA belönade nämligen försäkringsbolagen bi-
lar, som klarade sådana småkrockar utan ska-
dor, med avsevärt lägre premier än bilar med
konventionella stötfångare.

En annan exteriör ändring var att fälgarna nu
fick samma dekormålning i svart som de snarlika
EMS-fälgarna hade.

Dörrarna förstärktes ytterligare för att bli mer
motståndskraftiga mot sidokrockar. Det var en
dyrbar ändring – i tillverkning var merkostnaden
108 kronor per bil. Betydligt billigare var då den
nya växelspaksknoppen med vinylklädsel – här
var merkostnaden jämfört med den gamla knop-
pen av plast bara två kronor...

*De kraftiga stötfångarna gör inte någon estet glad, men
de hade fördelen att bilen klarade småkrockar – i farter
upp till åtta km/h – utan skador. Det belönades av ame-
rikanska försäkringsbolag med lägre premier. Teck-
ningen visar hur stötfångaren ser ut under skalet. "Bi-
kakan", som tar upp stöten är av plast.*

*The thick bumpers on the 74 models are unlikely to
make any aesthete happy – but they did have the advan-
tage of soaking up impads at speeds of up to 8 km/h (5
mph). This Saab innovation was rewarded by some in-
surance companies that offered lower premiums. The
small drawing shows how the bumper looks under the
rubber skin. The honeycomb which absorbs the bump
is made of plastic.*

Andra ändringar interiört var nytt klädselma-
terial, nya dörrhandtag – f ö hämtade från fyra-
dörrarsmodellen av Saab 99 – samt en ny kåpa

över växelspaksmekanismen som gav ett rymligare stuvfack för småprylar. Viktigaste ändringen var dock en ny instrumentpanel, med belysning på samtliga reglagen. Handtaget för uppfällning av strålkastarna fick i samband med detta en ny form.

Bakrutan försågs med fjäderben, som höll den öppen utan det tidigare använda staget. En regnränna gjorde att vatten på bakrutan inte rann in i bilen då rutan öppnades. Vindrutetorkarna lackerades svarta på 1973 års modell.

Under skalet var allt sig likt och inga som helst ändringar gjordes jämfört med tidigare modeller. Däckdimensionen ökade dock från 155 till 165 SR15.

*1974 års modell fick strålkastartorkare, av typ vindrute torkare, på de infällbara huvudstrålkastarna.*

*The 1974 model was equipped with headlamp wiper washers on the retracting headlamps.*

### Saab 97/Sonett årsmodell 1973

**Chassinummer 97735000001-97735002300**
**Totalt byggdes under modellåret 2 300 bilar.**
**Motor: Fyrtakts fyrcylindrig V-motor med vattenkylning. Cylinderdiameter 90 mm, slaglängd 66,8 mm. Slagvolym 1 698 cc. Max effekt 68 hk DIN vid 4 700 rpm. Största vridmoment 11,7 kpm vid 2 500 rpm. Kompression 8,0:1.**
**Kraftöverföring: Framhjulsdrift. Fyrväxlad låda med golvspak. Samtliga växlar synkroniserade.**
**Bromsar: Skivor fram, trummor bak, tillverkade av Lockheed. Diagonaldelat tvåkretssystem.**
**Mått/vikt: Längd 4 065 mm, bredd 1 500 mm, höjd 1 190 mm, axelavstånd 2 149 mm. Spårvidd fram/bak 1 232 mm. Tjänstevikt 930 kg.**
**Prestanda: Acceleration 0-80 km/h ca 9 sek, 0-100 km/h ca 13 sek. Toppfart ca 165 km/h.**

# 1974

### Sista Sonetten

1974 blev sista modellåret för Saab Sonett och den sista bilen blev den 10 236:te Sonetten sedan produktionen startade.

Orsaken till att modellen lades ned var främst att det skulle ha krävts omfattande omkonstruk-

tioner för att bilen skulle kunna möta de krav som kom att ställas för senare årsmodeller – bl a vad gäller avgasreningen. Eftersom Sonetten trots allt sålts i mycket litet antal skulle ombyggnaden ha blivit alltför dyrbar, utslagen på varje bil, för att det skulle ha kunnat accepteras.

1974 års Sonett var praktiskt taget helt oförändrad jämfört med 73:an. Exteriört tillkom stripes längs sidorna. De hade funnits tidigare som tillbehör, men sattes nu på som standardutrustning från fabriken.

Mer väsentligt var att även Sonetten nu försågs med strålkastartorkare, en detalj som Saab var först med. Redan 1971 kom de som standardutrustning på samtliga Saabmodeller – utom Sonetten. Orsaken var enkel. Den fram- och återgående torkare som personvagnarna försågs med passade utmärkt på deras rektangulära strålkastare. På Sonettens runda, som därtill var fällbara, dög de inte alls. När Sonetten utrusta-

des med torkare valde teknikerna en annan lösning, en typ enkla vindrutetorkare som visade sig fungera utmärkt på Sonetten.

Den sista Sonetten – gul – hamnade på Saabs museum i Trollhättan.

### Saab 97/Sonett årsmodell 1974

**Chassinummer 97745000001-97745002500**
**Totalt byggdes under modellåret 2 500 bilar**
**Motor: Fyrtakts fyrcylindrig V-motor med vattenkyl ning. Cylinderdiameter 90 mm, slaglängd 66,8 mm Slagvolym 1 698 cc. Max effekt 68 hk DIN vid 4 700 rpm. Största vridmoment 11,7 kpm vid 2 500 rpm Kompression 8,0:1.**
**Kraftöverföring: Framhjulsdrift, frihjul. Fyrväxlad lå da med golvspak. Samtliga växlar synkroniserade.**
**Bromsar: Skivor fram, trummor bak, tillverkade av Lockheed. Diagonaldelat tvåkretssystem.**
**Mått/vikt: Längd 4 065 mm, bredd 1 500 mm, höjd 1 190 mm, axelavstånd 2 149 mm. Spårvidd fram/bak 1 232 mm. Tjänstevikt 930 kg.**
**Prestanda: Acceleration 0-80 km/h ca 9 sek, 0-100 km/h ca 13 sek. Toppfart ca 165 km/h.**

# The Sonett and All Other Saab Sports Cars

**English translation by Peter Salzer**
**Artwork by Herbert Müdsam**

## CHAPTER ONE

## Sonett I – the race car

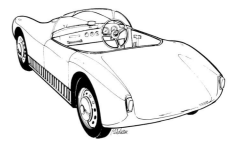

The first time the idea of building a fast sports car arose was when Saab had only a year or so behind it as a maker of automobiles. Saab had just taken part in a major winter rally, the "Rikspokalen" – a tough event that put both car and crew to the test and only a few made it to the finish.

"We were 100 percent successful", recalls Rolf Mellde, "although it was the first time Saab had entered a major event."

"Our success here started me wondering about what sort of chance we would have in winning an overall victory in the Swedish Rally. It soon became clear that the cars rolling off the assembly line in Trollhättan wouldn't stand a chance, but if we had a really fast sports car...well, then we could give the big winners of that day, Porsche, Maserati and the others, a run for their money."

"I wanted a real big win, but it wasn't until 1954 that I began to sketch a sports car," continued Rolf Mellde. In spite of the fact that the original plan was to build a pure competition car, the idea of building a sports car for the general public seems already to have been in his mind. Some of the earliest sketches have marginal notes indicating two engine alternatives: one for competition and one for standard use.

"After a lot of discussion back and forth, I was able to talk the Company into allocating a sum of money for the project which thus received official status, even though we did all the work in our spare time."

The project even got a model number of its own. As was customary at Saab, numbers in the 90s were reserved for non-military projects. The Saab 90 was a commercial airliner – Scandia – and 91 was a single-engined prop-trainer – Safir. 92 and 93 were the first two passenger cars. Thus 94 was the next free number and was assigned to the sports car project.

Rolf Mellde designed an advanced semi-monocoque construction in the form of a box that was to carry the engine, chassis and other components. The mechanics were covered by a plastic body.

"I wasn't really impressed by the special-built cars of the time, with their sloppy tubular frames", says Mellde. "Ours was much lighter. We knew all about self-supporting constructions and we were able to call on the experience in aluminium construction from the experts in Saab's aircraft department."

Another person involved in Project 94 was Olle Lindkvist: "I remember making a cardboard model of Mellde's design. We then let Erik Nilestam, an aircraft engineer in Linköping, have a look at it. After making only a few minor modifications, he gave us the go-ahead signal. Even though the entire semi-monocoque light alloy box weighed only 71 kg, it should be able to withstand all foreseeable stresses with a good margin."

"Gunnar Ljungström, who had been head of Saab's car project from the start, had laid down a number of hard and fast rules that every Saab car had to meet", recalls Olle Lindkvist. "These rules required, among other things, that the car must be able to survive being driven hard against a curbstone or a free fall which subjected it to 2 Gs when landing, etc. Even a sports car bearing the name Saab had to meet Ljungström's rules."

The biggest problem was to make sure that nothing about the new project leaked to the outside world. As a result, they could not work in the ordinary plant buildings. With all the people moving around there, it would not be long before news about Project 94 reached unauthorized ears. To be on the safe side, an inconspicuous barn, a few km from Trollhättan was rented for the purpose. Although a converted barn was hardly an ideal locality for building an advanced sports car, they managed to get started in January 1955 and the aluminum box frame gradually grew into shape. Lacking funds for specially designed chassis components they made do with the wheel suspension and other parts taken from the Saab 93 then in production.

The reason for the car having a righthand steering – which suited the lefthand traffic system then prevailing in Sweden – was that to be able to use the standard steering gear, it had to be installed upside down.

"The real truth is a completely different story", admits Rolf Mellde. "The fact of the matter is that I was inspired by the foreign cars I had seen, and felt that righthand steering looked more authentic, tougher."

Even the engine and gearbox were borrowed straight from the production model. However, to improve the weight distribution the entire power train was turned back to front. With the gearbox now in front of the engine, weight distributon was much closer to the ideal than it would have been with the engine hanging in front of the front axle as in the 93.

This arrangement, however, made it necessary for the engine to rotate backwards – an operation that is easily done with a two-stroke. On the other hand, Rolf Mellde expressed, in an internal memo, his fear about how this would affect the gear box.

"The gearbox now being used is being run in a direction that is opposite to the one it was designed for. This will change the direction of certain bearing loads, and the life of these bearings may thereby be seriously reduced. However no difficulties have arisen as yet."

The gearbox was the three-speed manual with a steering column shift as used in the standard car. To enable the shift lever movements to be transferred to the gearbox in front of the engine, an intricate gearshift linkage had to be used. As a consequence, the shift lever ended up on the left side of the steering column and resulted in an awkward shift pattern, to say the least.

It turned out to be so complicated to operate that it was not long before the column shift was replaced by a floor lever transmission that was initially intended for the forthcoming station wagon and the sports car enthusiasts cast a hungry eye at the experimental units, then being tested. They succeeded in getting hold of a couple of units even though several years were to pass before Saab put the four-speed box on the market in the first Saab 95s that appeared in 1959.

When the new gearbox was put into the sports car, shifting still remained a problem. The forward gears were in a conventional H pattern, but reverse was something special: to engage this gear, you first had to pull out a knob on the dash whereupon the shift lever was moved to where second gear normally was. However, since there were no markings on the knob – it looked like a choke or hood release – it is easy to imagine the distress of a driver who failed to have had the system demonstrated for him and was in a spot where reversing was the only way out...

"We weren't so fussy about details when making the first test runs," recalls Rolf Mellde. "In fact, our first driving was done without any body on the car!"

The simple reason was that the body was not ready. They merely tied on the green traders' plates, which allowed them to go on the public roads, although the car had not passed the eagle eye of the homologation people.

When the time came to build the body, additional engineers were brought in to help. The plan was to use the new wonder material of the fifties: plastic – a material which was unfamiliar for Saab's own technical people.

To avoid pitfalls, they were far-sighted enough to go to an outside company. In Gothenburg they found a company – peculiarly enough named Soab – which could provide both the material and the experts who knew how to build things out of plastic.

"At that time we hadn't the slightest idea of how to use plastics," says Lars–Olof Olsson, a Saab veteran who was also involved in the project. "Soab – which stands for Svenska Oljeslageri AB – imported plastics from the United States. The company sent up one of their men to Trollhättan to teach us how to handle a brush and the sticky uncured/raw plastic – a technique familiar to every amateur boatbuilder today, but quite new and sensational at that time."

Saab's legendary designer Sixten Sason, drew an open body for the two-seater envisaged by Mellde. The only protection for the occupants was a panorama windshield made of plexiglass.

On the basis of Sason's sketches, a full scale plaster-of-Paris model was built upon a frame made of fiberboard. After this model was sculptured and polished to the desired shape, it was used to produce the negative mold.

The workers in the model shop well remember the nerve-racking moments when the plastic mold was gently raised from the plaster-of-paris form. Although they had applied wax liberally in the mold releasing agent (enl. Svalner) the two materials refused to separate, and there was nothing to do but hack away the remaining plaster with chisels and a crowbar. This had to be done with the utmost caution as the slightest error would leave its mark on the plastic mold and be repeated in the plastic body parts that were to be molded in the negative mold.

Subsequent moldings were more successful, and they soon had a complete set of body parts painted and ready for assembly on the waiting chassis.

When Sixten Sason saw the finished car, he exclaimed in Swedish: "Så nätt den är!" (Lit. So neat it is!) And thus the new car got its name from the sound of the first two words in the Swedish expression, although with a more international spelling.

Rolf Mellde remembers this moment well. "In front of me I could see what I felt was the perfect sports car – but I wasn't allowed to use it."

The marketing people at Saab had decided that the project was to remain a secret until the opening of the big auto show in Stockholm 1956 – nearly a whole year away. Then, and not until then, was the rest of the world to see the yellow creation from the six-year-old factory in Sweden.

However, keeping it a secret proved something of a problem at times. Especially when pictures had to be taken for the advertising brochures that had to be ready when the car was put on display.

One memorable shooting session took place in the middle of the night and the location was in front of a woodpile in a nearby farmyard. To produce the necessary light for the slow films used in those days, the photographer set up a battery of flashguns, making all his camera settings in the dark with the aid of a measuring-tape. While this was going on the owner of the woodpile was answering a call of nature and making an errand to the outhouse. It was clear to all on hand that he was moments away from walking right onto the secret sports car. One of the engineers on hand saved the situation with some quick thinking. He grabbed a flashlight and pointed it right into the face of the intruder, dazzling him completely. The Saab people apologised for being in his way and guided him – still dazzled – around the car, to the outhouse and back again without him being able to see a thing. The poor fellow had no idea of what was going on and the remarkable thing is that he apparently never told even his neighbours about his strange night-time experience.

The other pictures were taken in the barn where the car had been built. To be on the safe side they did not even hire a pretty model – a customary decoration for a sports car then as now – as that would have meant revealing the secret to yet another person.

Finally, the big day arrived and the Stockholm Bilsalong 1956 threw open its doors to the car-hungry public of the fifties. Just before the Mayor of Stockholm was to open the show, a fork-lift truck entered from a rear door and deposited a large crate next to the Saab stand. One of the crate sides was removed and out rolled a sports car onto a podium that just happened to be there.

The surprise effect was total. No one had any idea that Saab had a sports car up its sleeve and the Saab Sonett Super Sport was immediately acclaimed the star of the show.

Once the car had been revealed, there now remained the task of evaluating it and determining its future. At the same time Saab wanted to have the Sonett as its showpiece at international motor shows around the world.

The first Sonett was a handbuilt job, according to Rolf Mellde in an newspaper interview made when the car was shown. It would probably have had to cost about 75,000 kronor. This figure should be compared with the current price of a Saab 92B which was then 6,700 kronor and the famous Volvo PV 444 priced at 9,200 kronor (including a heater).

By the first of November 1956, the first car with the licence number P14000 had covered 5,000 km and Rolf Mellde summarized the results in a memo in which he also included some very personal views about the future:

"The car has largely fulfilled our expectations. Acceleration is good but we had hoped that the top speed would have been somewhat higher (this shortcoming can however with great certainty be corrected by modifying the engine).

"Roadholding is absolutely first class. I personally have never driven a car which can be regarded as being superior in this respect (incl. the Mercedes 300 SL, Alfa Romeo Zagato and Guilietta, Porsche et al).

"Admittedly the steering feels a bit too direct on a first drive, but one soon becomes accustomed and no longer notices this. I am convinced that if we could make available the necessary workers, for say three months, we could succeed in making a race car out of the Sonett."

Here are some of the performance figures recorded during those first 5,000 km:

**Standing start 402 m (1/4 mile) 19.2 s (av. speed 75.5 km/h)**
**1000 m 36.0 s (av. speed 100 km/h)**
**1 mile 52.1 s (av. speed 112 km/h)**
**Top speed proved hard to measure accurately, but was judged to be about 155 km/h – in other words far below the 200 km/h spoken of at the Stockholm Show.**

The secret of the car's performance was the engine which had been tuned to produce 57.5 bhp from its tiny 0.748 liters, which in the standard Saab 93 were only called upon to deliver 33 bhp. The trick was achieved by a double-barrel, down draft carburettor and special intake manifold designed by Olle Lindkvist at home on his kitchen table. The manifold looked like a vacuum-cleaner pipe.

The compression ratio was raised to 10:1 and despite this the engine could run on 85 octane fuel.

A two-stroke runs best when it is cold, and to keep the temperature at around the 50°C that calculations indicated were ideal for this machine, Saab's free-thinking engineers came up with an unconventional solution. No ordinary radiator could be expected to maintain a temperature as low as 50°C. The Saab solution was to install an extra water reservoir in a tank located behind the dashboard and just above the knees of the occupants. Two thermostat-controlled pumps forced fresh, cold water into the radiator whenever the temperature exceeded the preset level. The surplus hot water overflowed onto the road under the car.

This system did not require a fan, but at the same time was not suitable for any lengthy period at slow speed or idling. A temperature gage for the radiator was therefore one of the most important instruments on the dash. There was a sister gage for the gearbox oil temperature. In addition there was a rev-counter that needed constant monitoring since the engine did not offer much pulling power below 3,000 rpm – but from then on it went like the proverbial rocket.

Being easy to drive was hardly an attribute given high priority by the designers, but on the other hand the car was not meant for beginners. We again quote from Mellde's first memo:

"In general it can be said that the Sonett in its current configuration is comparable with a Porsche 1300 Super. As far as acceleration up to 120 km/h is concerned, the Sonett is slightly faster, while the Porsche has a higher maximum speed. It has not been possible to make any comparisons with other sports cars in the same class owing to the lack of available data. However, the Sonett should be able to hold its own despite its excessively high weight which is due to the relatively heavy chassis components."

In his memo, Mellde outlines his plans for making the Sonett into a "good and pleasant" sports car that would help to increase sales of the standard car by attracting attention to the Saab name:

"I feel, however, that a sports car should be produced only on a small scale (say 25 cars a year) since a sports car in itself hardly can be expected to be a profitable proposition. In any case, not until we have a covered model."

"I firmly believe that sports cars the size of Sonett have a good future, since all indications are that in 3-4 years sports cars with swept volumes of up to 750 cc will be one of the main classes in GT racing.

Looking back today, Rolf Mellde says: "Of course it would have been great if we could have built long runs of the Sonett at that time – perhaps even 100 cars a year. But most of them would have gone to the US and we would have had enormous difficulty in helping the owners with parts and service."

Mellde ended his 1956 memo with a proposal to build a further five cars, modified in accordance to the results obtained in test-driving the first yellow prototype. This would enable them to squeeze more out of the project before making any decision on scale production.

The idea was that two of the cars would be used for display purposes: one in Sweden and one abroad. The remaining three cars would be used for racing to get publicity and promote the Saab name.

For the Sonett was a real eye-catcher wherever it went. Olle Lindkvist remembers the excitement it caused when he went for test-runs on the weekends. Somehow he managed to squeeze wife and young child into the cock-pit. "Our kid stood between the seats – we weren't so conscious about safety in those days".

The racing plans that Mellde drew up were to involve three or four of the big ice-racing events that were to run on 1000-meter trotting circuits. In addition he foresaw entry in two of the bigger Grand Prix races for GT cars.

"In this way we would reach a public of more than 200,000 people," he ended his memo dated November 1st, 1956.

Saab's executives were turned on by his ideas and gave the go ahead to build a further five cars. The barn in Åsaka was too cramped for such an undertaking and the project was transferred to the ASJ workshops, next to the corporate headquarters in Linköping. Production of the plastic body was in turn farmed out to Karossverkstäderna in Katrineholm.

One body was also modified with the cockpit partially covered. There remained only an opening for the driver's seat, which was three quarters enclosed by the plexiglass windshield to reduce wind resistance and thereby increase the top speed. Rolf Mellde himself drew a new front with the headlights now behind streamlined glass covers that gave the car a faster looking appearance.

However, these changes were never incorporated since the Sonett became something of a relic overnight. The reason: a change in the racing rules that permitted competition with modified standard cars, with lightened bodies and highly tuned engines. Saab immediately turned its efforts to this new class, and the interest in the Sonett as a race car faded, at least in Sweden.

In the USA, however, the project was not as easily forgotten – here was a car that appealed to American tastes. Saab Motors Inc. (Saab's sales subsidiary before the Saab-Scania of America Inc. was created) had displayed the car at the New York Auto Show, and had even produced a brochure in which they flatly stated that the car, first intended as an experimental car, would soon be put into production. And if this was not enough, they even presupposed that the car would be sold in two versions. One, which matched the sample that had been displayed at the auto shows, would be suitable for racing, since it met Class "H" rules. Among other things, Saab Motors Inc. pointed out that it had brakes designed for racing.

In addition, they promised a more civilized version with a radiator suitable for city traffic and with less extreme brakes. More important, the brochure spoke of a folding top and a proper trunk.

These promises never came to more than words in print and the total production of the first generation Sonett totalled just these six units – a modest figure indeed for "serial production".

## Where are they today?

### Number One:
### The Emigrant that came home
The first Sonett – the real prototype – was shipped to the USA. After some years it was "restored" – unfortunately to such an extent that it became better looking than in the beginning. It later returned home to Sweden and now resides in the Saab Museum in Trollhättan. It has a white body and red upholstery.

**Number Two:**
**Hidden away – the distributor's car**
When Saab started making cars, the king of Swedish car distributors, Gunnar V Philipson, stepped in and guaranteed an order for 8,000 cars – with payment in advance. His company maintains a museum where a sample of each car they sold throughout the years is kept. Here you will find the brick-red Sonett with chassis No. 2.

**Number Three:**
**In private hands**
The red car with chassis number three is still close to the factory in Trollhättan. It belongs to a private collector who acquired it when Saab sold off some of their test cars in the early 1960s. The car bears valid registration plates and over the years has accumulated 25,000 km. A convertible top from a Triumph Spitfire enables it to be driven even in rainy weather.

**Number Four:**
**The modified wreck is wrecked again**
The fourth Sonett, which was green, was sold – just as number three. A Saab engineer rebuilt it as a coupé named Facett (see next chapter). The Facett was wrecked but the parts still remain. However, it is unlikely that they are enough to enable a restoration to be undertaken.

**Number Five:**
**The museum beauty is still a runner**
The Sonett I which is in the best condition is the blue one on display in Saab's museum in Trollhättan. It is in full running order and is occasionally taken out for a drive when the appropriate occasion arises. Number five is unusual in that it has a three-speed gearbox, albeit with the shift on the floor.

**Number Six:**
**The emigrant that became an American citizen**
Last in the series, with chassis number six, is now in the hands of a US-owner, Richard L Hershatter in Clinton, Connecticut. He bought the car in 1977, and it sports a licence plate reading SONET I. White with a blue stripe, it is frequently driven to Saab meetings and other events where it is naturally the center of attraction.

## CHAPTER TWO

# Saab Facett
# The backyard car with a professional touch

**"… and its lines should appeal to the public here."**
**– A Saab importer in Europe**

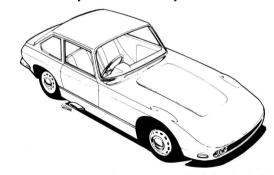

On the European continent, a car called the Saab Facett was to arouse quite a commotion in the mid-sixties. Photos of what was called a "third prototype" was circulated in the European press at the same time as Saab released the "official prototypes" signed Karlström and Sason.

According to the Continental magazines, the Facett was another prototype being used by Saab to test the public reaction and taste. The truth is that they were way off the mark. From beginning to end, the Facett was a backyard project and the only connection the builder, Sigvard Sörensen, had with Saab was that he was employed in the design department in Trollhättan.

The story begins when one of the first six Sonetts was offered for sale to the employees at Saab in the early sixties. The company had neither the available space or desire to store all the cars in a shed so they simply sold off the cars they felt were superfluous.

Sigvard Sörensen took up the offer and bought himself a bright green Saab Sonett Super Sport. The car was rather impractical, to say the least, and Sörensen started thinking about what he could do to make it more useful.

He began by removing the plastic body and went to work on the chassis. The fuel tank was moved from its odd position in the front wing to between the rear wheels where it was well protected against all types of accidents – standard procedure on all Saabs with the exception of the six Sonett Is.

The original engine was rejected in favor of a standard sport engine which was more suited to everyday driving than a temperamental, highly tuned racing engine. At this stage Sörensen realized that he would have to build a completely new body sheel and preferably with a hardtop. To get the car driveable quicker, he decided to use sheet metal instead of fiberglass.

Since he was really just a hobby builder, he had to make do without the special tools used by professional body-makers. Thus with the use of simple hand-tools and a welding set, he fashioned a body with fairly large flat surfaces and sharp angles, dictated by the available material and tools. "I used sheet steel of 0.6 to 1.0 mm since it was easier to work with," he explained when he showed his car in the mid-sixties.

## CHAPTER THREE

# Quantum

### "Make sure it comes into production – but quick!"
### US market researcher

At the beginning of the 1960, when Saab dealers had difficulties finding customers for the standard car, they thought a sports car would be the answer to their prayers. However, years were to pass before their prayers were fulfilled by a works sports car – the Sonett II which came out in 1966. But in their own backyard there was an earnest nuclear physicist who with the aid of an IBM computer built a car that might well have been what they were looking for.

His name was Walter Kern. He was employed at M.I.T. His hobby was sports cars and this abiding passion had taken up all his spare time for years.

In searching for the perfect car, he became fascinated with the two-stroke engine as the ideal power plant. In his eyes it was a marvel of simplicity and it would be ideal for racing on an oval track. Many an expensive sports car machine had been destroyed when the centrifugal force drew the oil in the sump to one side and starved the engine of vital lubricant. In addition, there would be one thing less to check during a pit stop.

This interest in the two-stroke engine brought him into contact with Saab's family cars in which he found a lot of usable and sturdy parts that could be adapted for sports car use.

Kern's goal was to build a car that handled neutrally in all situations. To test his theories, he borrowed time on the university's computer in lunch hours and evenings. The gigantic IBM computer confirmed that his theories would work in practice. This was in 1958 – years before the CAD/CAM age, when feeding data to a computer has become standard procedure.

To improve the weight distribution, Kern installed his Saab engine back to front – just as Rolf Mellde had done earlier in the first Sonett prototype (p 108). And again the engine had to be made to rotate backwards, which was of course no problem for a two-stroke without any valves, etc. All he had to do was to change the distributor drive.

For a while Kern toyed with the idea of placing the fuel tank under the seats, and thereby further improving the weight distribution, which would remain unchanged even as the fuel level dropped. But in the end he put the tank in the rear. Kern's first car based on Saab parts was ready in 1962. It was painted white and Saab put it on their stand at the New York Auto Show. They called it the Quantum and it received an enthusiastic reception.

What none of the show visitors realised was that it could not be driven! It had a delicate frame made of aluminum and to be on the safe side it was rolled onto the Saab stand by hand.

However, the tremendous interest in this "design exercise" again led to some bold statements by Saab Motor Inc, who announced that the new sports car "Quantum Saab" would shortly go into production – by the end of 1963. It would be sold through authorized Saab dealers and carry the same warranty as all Saab cars: 24 months for the engine and six months for the remainder of the car.

The price was set at $2,995 from New Haven. A footnote to the communiqué added cautiously that this was an estimated price and excluded shipping and taxes.

The show car was dismantled. Saab needed the body to make molds for the planned production. The frame ended up hanging from some roof beams in a stockroom in New Haven.

On the other hand, Kern's second prototype – painted red – was a real runner. It lacked inner panels but was more than adequate for road-testing. It was even entered in some local road races where it managed to outclass several more established and more potent competitors – Jaguars, Corvettes and Triumphs – thanks largely to front-wheel-drive which gave it the edge on bad roads.

It was really supposed to be only a matter of formality when they decided to send the Quantum Saab over to Sweden for a final evaluation before large scale production was to commence. In a letter from Ralph Millet, president of Saab Motors Inc., to Rolf Mellde, he writes enthusiastically about the new car which was being shipped to Trollhättan in a plywood crate.

"We are extremely interested in this project and I hope that you will give it a careful and thorough-going examination, I hope that your comments will be favorable," the letter stated.

Finally the plywood crate arrived in Trollhättan and the engineers began to scrutinize the tiny open car with its elegant red plastic body.

At the same time, back in the United States, a market study was being conducted to determine customer reaction to Kern's sports car design. About 220 sports car owners were interviewed as to how they rated the Quantum against the sports cars then on the market.

At first they were only shown an elegant color drawing depicting the car from its most favorable angle and asked what they thought it cost, what sort of performance it had, etc.

The market researchers claimed that they could detect a

clear indication that the Quantum had a bright future. But if one looks a bit deeper into the study, it soon became evident that the picture was not quite so rosy as it seemed at first glance. Ninety-eight percent stated that a floor shift was a must in such a car. The Quantum had a column shift.

Many felt that they would not consider buying it because of the two-stroke engine and the modest output – they were asked to compare it with an MGB.

"Anyone who bought this car doesn't know much about sports cars," was one comment. Another stated: "Hardly a car for a conservative person."

"A car for an individualist," said a third, adding "Perhaps it was the car for a person who wanted to prove his youthfulness."

Despite statements like these, the market researchers somehow managed to conclude that it would be easy for Saab dealers to sell it in large numbers.

"The car is superior to sports cars like the Ford Mustang and the Chrysler Valiant(!) which cost about the same. With the right advertising and promotion, it could sell a thousand units in its first year and after five years volumes should be around 5,000 cars a year. They ended their report by stating flatly: "Make sure it comes into production as quickly as possible."

The engineers in Trollhättan were not quite as optimistic. As a matter of fact they considered the Quantum to be a pretty awful car. The makers had sent a list of 44 faults they knew had to be remedied on subsequent versions – the Trollhättan engineers found a further 54! "What could you expect?" shrugged Walter Kern. "I have never claimed to be an auto-maker."

The defects included such things as impossible wheel alignments that probably did not affect handling, but which would have led to extreme tire-wear; and a body that leaked like the proverbial sieve. Most of the instruments did not work, which mattered little since they were placed in such a way as to be virtually unreadable.

But how was it on the road? After all, a computer had decided the chassis geometry. Again the Saab engineers were not impressed. They took it to the famous Gelleråsen racing circuit at Karlskoga and matched it against a Triumph Spitfire – a car they felt was fairer competition than the MGB used in the market research study. When equipped with the standard engine, it was readily outdistanced by the Triumph, whereas the roles were reversed when Saab's sport engine was dropped into the engine compartment.

However it still had some serious shortcomings. We quote from the test report:

"When test driving on the highway, it became apparent that the car's floor pan was poorly designed. Since there were no side windows, a heavy outgoing draft sucks in the car's own exhaust fumes.

The poor partitioning between the engine and cockpit led to gasoline and oil odors inside the car – at times even blue smoke from the two-stroke oil seeped in from around the pedals. When braking in rainy weather, water splashed in over the backs of the occupants.

Gunnar Ljungström, Saab's chief engineer, also had a close look at the Quantum, and remarked that the frame was a clumsy construction with much too large tubes which made it stiffer and stronger than necessary. In his opinion one could have used three-inch tubing instead of the five-inch on the longitudinal beams. But despite this oversizing, to be on the safe side, the Quantum's dry weight was only 685 kg, distributed with 400 kg up front and the remaining 285 kg at the back.

What had Walter Kern and his associates done wrong? After all, they had tested their ideas in a computer. Rolf Mellde maintains that you cannot put all your trust in computer calculations to determine how a car will behave in real life. He cites the example of the Ford GT 40 designed for racing. According to the computers it should be the perfect car; but out on the track it quite simply became airborne before it even reached its top speed.

The fate of the Quantum was decided in the final report

from the testing department. The following quote says it all:

"As a touring car, the Quantum is far less attractive than the Saab Sport and the Triumph Spitfire. The noise level is excessive and it offers poor protection against winds and rain. It is difficult to enter and get out of, has very little luggage space, has a less-than-elegant interior, is less comfortable in all respects and the controls are less functional (e g gear shift and clutch pedal)."

One could hardly write a death warrant in clearer terms. The Quantum with chassis number 102 was shipped back to the States, but the idea of building a sports car never quite died in the minds of Saab's engineers – "if we only had the time and money, and a free hand."

Within a year, the wishes were to be fulfilled – although it was to be largely the work of outsiders which led to the next Saab sports car, the Sonett II.

# CHAPTER FOUR

# Saab Lightburn
# The Australian Adventure

## "No doubt that it will be a success!"
## – from a letter from Saab

At the end of the 1950s, Saab came very close to building a sports car in Australia, of all places. A coachbuilder in Adelaide, Lightburn & Co., approached Saab with a proposal to build a sports car for the Australian market. Saab had not forgotten the interest in the first Sonett project and more important than building a car down under, they

saw a chance of breaking into the Australian market. This was difficult for importers who were hampered by quotas and high duties on cars manufactured outside the country.

The Australian firm sent their design concept to Trollhättan along with a 1:4 scale model. Their design was hardly original and moreover had little relationship to Saab – maybe with the exception of the big 15-inch wheels.

Saab assigned Gunnar A Sjögren the task of reworking and polishing the Lightburn design and at the end of 1960, his modified version was sent back to Lightburn & Co. But by then they seemed to have lost interest and the idea came to nothing. The dream of building a Saab car in Australia never went beyond being merely a dream.

## CHAPTER FIVE

# Jabro-Saab
# A rear-wheel-driven Saab!

### "..everyone came over and looked at it"
### Jabro-Saab owner

The Jabro-Saab was a unique creation by two Americans who wanted to build a potent car for road racing. It is the only rear-wheel-driven car ever to bear the name Saab and its story is no less fantastic if we learn that it was originally designed to be powered by an outboard engine!

The Jabro-Saab was designed strictly for racing purposes by two Americans: Ed Alsbury and James Broadwell, with the name Jabro derived from the latter's name. It had a front engine mounted on a tubular frame which was covered with a fiberglass body. The driver was seated to the right and the cockpit also had space for a passenger seat, but only because this was stipulated in the rules. It was a narrow car of about 120 cm (four feet) so there was hardly comfortable space for two people. The wheelbase was about 215 cm (85 in). It weighed about 360 kg (800

lbs). As a sports car racer it had to have space for a passenger, fenders, a windscreen and in general had to look like an open sports car. Initially the racing class for which it was intended had an engine limit of 850 cc and the builders first installed a Mercury outboard!

However, they soon became aware of the Saab two-stroke engine's tuning capacity and here found a winner.

The Jabro-Saab was sold as a kit car; body and frame along with plans for the owner to build it himself. In all perhaps some 200 kits were produced, but there are no reliable figures on how many were actually completed. Probably not all that many as the hobby-builder gave up when faced with putting together the hundreds of parts, making them work properly and finding a working engine.

The car shown in the pictures on page     shows how an early Jabro-Saab looked. The frame and body were made by Jabro. The engine was taken from a Saab while the suspension was borrowed from a wrecked formula Junior car. The transmission is from an Austin Healy Sprite and goes to a custom drive shaft and rear-wheel-drive.

Despite all the problems, production went on for several years. James Broadwell left the partnership in 1959, but Ed Alsbury kept on until the mid-sixties. In 1960 the Jabro became a rear-engined racer and towards the end he changed the name to Dubury.

The cars were used only in amateur racing. Although they won numerous races and were highly competitive they never succeeded in capturing a major national title. Later on the rules were changed regarding engine size and the once so competitive two-stroke from Saab found itself overpowered by engines of two or three times the size.

To be quite honest, the Jabro may not have been the only rear-wheel-drive "Saab" in American sports car racing. The Bugsy is another name that crops up when talking about Saab sports cars. This was another kit car for which the builders sometimes chose the lively two-stroke engine from Sweden as the power plant – but more often they used British Ford engines – sometimes Lotus-tuned.

## CHAPTER SIX

# Sonett II
# Specifications for a
# production sports car

**"It must have a heater."**
**Quote from a confidential memo – mainly**
**from US dealers**

In the beginning of the 1960s there was a mounting pressure on executives at Saab – mainly from US dealers – to build a sports car. They well remembered the enormous interest created by the Sonett I at various auto shows and felt that a sports car would be just the thing to bring people into their showrooms where they could be convinced of the standard car's merits.

And who knows, it might sell too.

This was the time when low-slung European two-seaters were pushing aside the Chevy convertibles from the parking lots on college campuses around the country. And Saab dealers wanted a piece of the action. Back in Sweden, Saab's management thought they could meet this demand with a small sports car that, for reasons of economy, should be based on as many standard parts as possible.

They put down their thoughts in a memo that was to form the guide-lines for the project.

In typical Saab fashion, they included a few unconventional features, the most dramatic being a removable hardtop roof, with only a roll-bar remaining when the roof was lifted off. Porsche was later to become famous for the "Targa top", but they did not put theirs on the market until just before Christmas 1966 – three years later. The memo also stipulated wind-down side windows, which are taken for granted today, even on a sports car, but were a rarity on the popular sports car of the day.

Good road holding was given high priority: "As good as, or preferably better than, the standard Saab". A floor shift and a proper luggage compartment were important details in the specification and they also said: "It must have a heater." They knew that the winters "over there" could be as cold as their Swedish winter, and even a sports car enthusiast wanted to be comfortable.

Although they were to follow the Saab tradition and use a front-wheel-drive layout – highly unconventional for a sports car – Saab's Chief Engineer, Gunnar Ljungström once again felt that a sports car was "useless, expensive and foolish". He asked to be relieved of any association with the project - which he was.

Instead it was Rolf Mellde who oversaw the development, although it was done largely by outsiders. When the specifications had been drawn up Saab felt that it would be wise to let an outside company present its way of meeting these specifications. Thus they decided that two prototypes should be built: one by their own designer Sixten Sason who worked out of his private design studio in Stockholm, and one by Björn Karlström, who was associated with MFI (Malmö Flygindustri), a company experienced in fiberglass technology.

On the following pages, we shall see how the two projects developed into working prototypes.

## CHAPTER SEVEN

# Catherina –
# The designer's D.Y.I.-car

**"A Ferrari was always in our minds."**
**Björn Envall, Chief Designer at Saab**

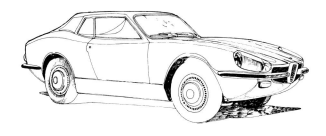

All car makers let their designers "play" around with new designs. More often than not they don't lead to anything – although the occasional detail finds its way into the production models.

Like most manufacturers, Saab has a policy of not revealing the experimental designs that never made it to production. However, Saab has made one exception to this rule: the car generally known as the Sason Sonett, after its designer Sixten Sason.

According to the story generally told, Saab was assigning both Sason and Björn Karlström to make separate design proposals for a new sports car. The management then evaluated both proposals and fell for the Karlström car, while Sason's was dispatched to Saab's collection of historic cars now housed in a basement museum in Trollhättan.

This story is largely true – but there is more to it than is generally known. The fact of the matter is that Sixten Sason, who hade been shaping Saab cars from the beginning, had in reality started by designing his own little coupé, long before the sports car idea was revived. His intention was not to design a car for production, but to create an experimental car in which he could test some of his own ideas, most of which were too far out for the conservative auto industry. Björn Envall, chief designer at Saab today and then working as an assistant at Sason's tiny studio, remembers Sason's pet idea about placing the headlights as high as possible to extend the range of the dipped beam. A typical Sason solution for a low-slung sports car would be to locate the headlights on its roof!

Over the years Sason made countless sketches of his "dream" car, although only a few are preserved in Saab's collection. When the idea of reviving a sports car project developed at Saab, the management discovered what had been going on in the barn which then served as Saab's design center.

Thus before Sason's private car project ever got off the ground he found himself faced with the task of designing a sports car prototype that would be competing with an outside project.

There was not much time at hand. They started in January 1964 and the management wanted to see the two cars in February a year later. Sason based his design to a large extent on the chassis components being planned for the new version of the Saab 96 that was approaching production. In this way they hoped to be able to keep costs for the sports car within reasonable limits.

In May, the first sheet metal parts were shipped over to the ASJ plant in Katrineholm where they were used to build a driveable chassis that was fitted out with a rough and ready superstructure so that the engineers could start test driving. Among other things it had the standard windshield from the 96, although Sason's plans included a sweeping panorama windshield similar to the one later introduced on the Saab 99. In fact there were many traces of the coming 99 in Sason's prototype – understandable when one realizes that he was deeply involved in the final shaping of the 99 that was then being developed under the project name "Gudmund".

It later became evident that the flatter 96 windshield could well be incorporated in the sports car lines (that were not becoming firmer) and so the windshield remained.

When fall came, the time was ripe to begin work on the model for the plastic mold; and it was not long before the first plastic body sections were ready for assembly together with the thousands of other components that make up a complete car.

One problem was that the engine from the Saab Sport did not fit under the hood, despite its bulbous shape. The trouble turned out to be the radiator, and a lower version had to be made. This was easily done, but what about the fan?

The simple and ingenious solution was to remove the normal fan entirely and install a smaller fan on the generator which proved to be sufficient to keep the temperature under control. A standard fuel tank was used, but filling was a complex operation. Instead of leading the filling pipe to an opening in the left rear fender, the filler cap could only be reached via a hatch in the luggage compartment, and the tank filled using a funnel. A messy and arduous procedure.

As the car approached completion, a goldsmith in Katrineholm was given the assignment of producing a silver plaque with the name "Catherina" – for this was the name given the prototype, partly because this was the title of a popular song that everyone seemed to be humming, and partly in honor of Katrineholm which was then thought to join the list of places in Sweden where cars were built...

By the end of January 1964, everyone was working seven days a week to meet the original deadline of February 15, when word came that Saab's board wanted to see both cars on the 9th. A week suddenly disappeared, but somehow they were ready and the car was on display in the Linköping dance-hall that was borrowed for the secret appraisal by Saab's top management. We now know that Sason's prototype lost out to Karlström's proposal. However, in many ways Sason's is the more interesting of the two designs, and with many more revolutionary solutions, in spite of its handicap in trying to incorporate as many standard parts as possible – as stipulated in the guidelines.

The car's lines with a high waistline are attributable to this use of standard components. The wheelbase was also the same as on the 96 and much longer then any of the Sonetts that were subsequently produced.

"One detail in particular is worth noting even today," remarks Björn Envall. "We wanted the car to have a strong roll-bar, which could be incorporated in the car's overall design. Here we were inspired by a Ferrari – the 275 LM. When we finally succeeded in giving it a roll-bar, it was natural to take the next step and join it to the windscreen with a removable roof section. Suddenly we had in front of us the same sports car design that Porsche was later to become famous for under the name Targa!"

The roof could be easily lifted off and stowed in the luggage compartment where it fitted neatly upside down. It was just as easy to attach. A simple fixture with two handles on the roll-bar secured the roof, while the leading edge fitted in under a flange along the upper edge of the windscreen: a neat and, equally important, watertight construction. Since the Catherina was built up on the standard floorpan – hence the long wheelbase – it was longer than the versions that later came into production. But the extra length meant greater interior space; far greater than could be boasted by other sports cars. Although there was no dog-seat behind the front seats, there was room for smaller pieces of luggage over and above the really large ordinary luggage compartment. The latter could be extended by removing the panel separating it from the passenger compartment – a forerunner of the popular hatchbacks of today.

Despite all these features, the Catherina did not capture the fancy of the Saab management. A confidential report dated April 1965 reveals that the test drivers had nothing against Sason's creation.

"The ASJ car is currently superior when it comes to roadworthiness," they summed up in their report.

On the other hand the engineers were not satisfied with the car's weight and shape. The ASJ prototype had a wind resistance coefficient of 0.41 whereas the Saab 96 could boast of a figure as low as 0.36.

These figures show that there remained a great deal to do in order to make the sports car as streamlined as the standard car – and preferably more so. The car was also found to be on the heavy side even though they admitted it was better equipped than the competing MFI prototype.

The provisional windshield was also criticized as being far too narrow for a modern car.

The report went on to say that in most respects the ASJ people had fulfilled most of the stipulated requirements, although several details needed some polishing. Sealing of the doors was not fully acceptable nor was the fact that the side windows were sucked outwards at speeds of over 100 km/h, revealing gaping openings along their upper edges. A summary of the evaluation report stated:

"The ASJ car: a family sports car and tourer which could appeal to a relatively large range of customers. It is, however, not suitable for racing.

"If a larger quantity (than roughly 500 per year) is envisaged, then a car of the ASJ type had the greatest potential for long-term sales. Competition in this class is admittedly hard (cf Volvo's sales problems with the P 1800), but there is not yet a front-wheel-drive car of this type in production. In this connection, it should also be mentioned that the ASJ car has greater potential for future product development, especially with respect to its weight distribution."

However, this did not swing the management and the car had too many production drawbacks against it. Thus only one Catherina ever came into being: the red prototype. There was also a spare chassis that was used for various tests, but along with the molds for the plastic body panels, it was scrapped after a few years.

All that remains is the unique Sason prototype, which can be seen in Saab's Museum in Trollhättan.

## CHAPTER EIGHT

# A final attempt

## "...we don't give up that easily." Quote from a letter to Saab from ASJ's president

When it became clear that Saab had given the nod to the MFI prototype as the basis for their forthcoming sports car, the people at ASJ found this hard to accept.

The president of ASJ, Bengt Åkerlind, wrote a letter to Tryggve Holm, president of Saab, explaining his intentions.

"I realize that MFI drew the longest straw," he wrote. "But we don't give up that easily."

At ASJ, they interpreted Saab's decision as an indication that performance had not been the overriding factor. Instead they had apparently chosen the MFI car although they found "our car" to be more attractive in appearance. On the other hand, the Sason prototype did not differ much from an ordinary car even though it was somewhat smaller in size, wrote mr Åkerlind.

While accepting that the MFI car more closely corresponded to Saab's requirements, Åkerlind pointed out in his letter that Sixten Sason had come up with a new design proposal under the code name "Husvagn fastback" (lit "Fastback Trailer"). This new design was much snappier than the previous Sason prototype and it should be able to offer better performance than the MFI car. In addition, the ASJ management underlined that its lines were surely cleaner and better looking than those of the car drawn by Björn Karlström.

Characteristic of the second Sason proposal were its soft lines. The headlights were hidden behind plexiglass fairings and the windscreen was higher and much more sloping than in the first car. The rear section was covered by a large window that was an extension of the round shape. The front and rear bumpers continued around the corners and along the sides of the car. As in the first prototype, the roof could be removed to turn the car into an open tourer.

The nose resembled Alfa Romeo's Spyder 2000 drawn by Pininfarina which remained in production a great many years, thanks largely to its timeless design – just like Sason's "Fastback Trailer".

Had the Saab management made a turnabout, the Saab Sonett might have had a completely different shape. But this was not to be the case. The MFI project was allowed to proceed as planned and Sason's last attempt, a white car with a pea-green stripe, was left to gather dust in a filing cabinet. Instead, the Sonett project took a new turn when ASJ took over responsibility for the production of the car their rivals had designed, but with MFI as a main supplier.

## CHAPTER NINE

# The Karlström Sonett

**"Let's make an amphibian car while we're at it ... – Björn Karlström, designer and car stylist**

Of all the people that come to mind when talking about the Saab Sonett, the name most often mentioned is Björn Karlström, whose proposal for a Saab sports car eventually led to the Sonett II. However, his ideas about designing a car pre-date the Saab car by a great many years.

Already back in the 1950s Karlström had tried to interest various people and companies in building a small family car based on a 500 cc engine. Even at that time he was thinking in terms of a lightweight plastic body to keep the weight low.

In the late 1950s he designed both aircraft and powerboats for MFI (Malmö Flygindustri). Once again he tried to interest his client in building a car – this time a sports car. The reasoning behind a sports car instead of a family car was that a sports car buyer was not likely to be as concerned about what it cost.

The car that Karlström designed was a small two-seater with a mid-engine and using a variety of standard Saab parts. Rolf Mellde was approached but, while explaining that the project appealed to him, it would be hard to get Saab involved.

Karlström was undeterred and re-designed the car. He now used a tubular frame with the engine up front in the traditional manner. The chassis was again taken from a Saab, while the 82 liter fuel tank was borrowed from the MFI-9 – a small plane made by MFI – and considered ideal to give the car a long range.

"The idea of using a tubular frame was quickly dropped," says Björn Karlström. "We thought people would be too anxious about running around in such a car. We had heard that they would be worried that a tube might break in a crash and an occupant could be empoled on a ruptured tube."

As an alternative, Karlström came up with a chassis in fiberglass with reinforcements of steel glued to the plastic. This idea was also dropped and he now decided on a box-frame construction using sheet metal – a solution that Rolf Mellde recommended. "I began by making an exact full-scale model out of cardboard," recalls Björn Karlström. "It was incredibly strong and the first load tests were made on it. The front and rear were mounted on supports and an old-fashioned iron placed on the middle. It didn't give way the slightest and proved that our theories held up in practice."

The car project was designated MFI 13. The number 13 would never have been acceptable for an aircraft – which was the company's main product – since no pilot would ever fly a plane with that number. So it was handed over to the car project

As the project developed, Björn Andreasson, an engineer at MFI, became involved and gave Karlström valuable advice based on his experience in building aircraft. A typical example is the clever solution in finding a convenient place for the expansion tank for the radiator. This tank needed a high location, so Andreasson merely changed one of the cross members between the upper spring mountings and replaced it with a tube that also served as an expansion tank as well as a reinforcement. This undeniably elegant solution saved both weight and costs.

Since the chassis frame turned out to be so immensely strong, they felt it also could be put to good use for other vehicles.

"Why not make an amphibian car while we're at it," proposed Björn Karlström. It didn't take him long to come up with a jeep-like design. Since the chassis frame weighed only 100 kg, it was not hard to make their cross-country vehicle float. They ambitiously called it "The Forest Sailor", but it never got further than the drawing board. The story is told that the Finnish Army got word of it and became quite excited about the possibilities it offered for their lake-riddled country.

However, the MFI management felt that, with a mind to their limited resources, they should concentrate on the sports car project.

Work on the body was now well under way at the Malmö coach-builders. Heinels and MFI were convinced that their proposal would beat the Sason-designed contestant being made at ASJ in Katrineholm. They also held strong hopes that the Government Labor Board would provide capital to start production in one of the depressed regions in Northern Sweden. Then came the blow. The Labor Board decided not to support the project and a completely new financial situation arose.

Saab had by now decided that the MFI prototype was what they wanted and to get production started they arranged for another ASJ company to take over, with MFI remaining as a supplier of bodies and other parts, while the chassis would be built using modified Saab components as far as possible.

ASJ was to buy the parts from Saab and then sell the completed cars back to Saab which would then sell them under its own name. So strong had their faith been in the Karlström design, that MFI decided to build the first body in sheet metal, without going via a model. The idea was that the metal body would be used to cast the negative molds for the production bodies.

To make the metal body, they first built up a frame of plywood over which the sheet metal was hand-beaten to shape, whereafter the sections were welded together.

"This caused no little problem as the plywood kept on catching fire when we were welding," remembers Björn Karlström.

When the body was finally ready, it was smoothed out with filler, painted and fitted out with all the equipment before being married to the chassis. The car was now ready for its first public showing. This took place on the television motor sports special in which the little sports car was repeatedly visible on the screen. A smart PR coup by Saab whose PR manager, Sten Wennlo, at the time was later to become chief of the entire Saab Car Division.

When ASJ came into the picture, things started moving faster. Saab was now in a hurry to get the Saab 97 – as the MFI 13 project was renamed – on the road and their plans involved showing it at the next New York Auto Show in March 1966 – only six months away.

The sheet metal prototype did not measure up as a model for the planned molds. Instead they had to make three plastic prototypes in all haste so that testing work could be begun. Following that they planned to make a pre-production run of 25 cars, all of which were to be built by hand.

Ten of them were to be ready for the New York Show, and the remainder during the spring of 1966. While these 25 hand-built cars were being made, work was to start on the production facility so that actual production could begin as soon as possible.

Work on the first three ran according to schedule, although the time-shortage forced certain shortcuts and simplifications. Originally the rear window was to have been openable and this had to be abandoned owing to the lack of time. Instead the luggage compartment was made accessible through a hatch – a solution which was to receive some criticism. The removable hardtop was also rejected as being too complicated.

Another problem that arose was producing a rear window with its tricky vaulted design. The first cars had plexiglass rear windows since these were easier to shape. When proper glass windows came along, they did not meet the prescribed design: they were far too bulbous and did not match the car's lines.

For regular production, ASJ – which stands for AB Svenska Järnvägsverkstäderna (lit. translation: The Swedish Rolling Stock Workshops Limited) – chose the plant at Arlöv near Malmö where they had once built railroad coaches. The demand for these had virtually disappeared and car production seemed a good way of using the empty premises. However, a Government decree required that they be kept in such state that they could again be used for their original purpose, should an emergency arise. So the tracks running through the plant were retained.

The red brick buildings were hardly ideal for the assembly of a sports car. A multitude of pillars columns were in the way and to make more room, several of these were hastily cut away. A dire mistake as they turned out to be vital for the building's stability. It now began slowly to heel over but fortunately the adjacent building was on firm foundation and few well placed tie beams between the two structures eliminated the danger of a total collapse.

The assembly line hardly moved faster than a snail's pace which was understandable with an initial production rate of three cars a day. However it was designed so that the rate could be raised to all of ten cars a day – if the demand should arise.

The "line" consisted of a conveyor which ended at a point where there were two ruts for the wheels along which the car could be rolled by hand when the chassis was completed. There were seven stations along the line and each operator worked about one hour on each car, before pushing it along to the next man.

"Visitors from America who came to see how the cars were made found the whole scene rather quaint," says Bert Grahn, production manager at Arlöv at that thime, and today still working there but now on the Saab 900 Sedans that are assembled in the old railroad coach plant.

During these early days, The Sonett builders had to improvise on many an occasion. When they ran out of a minor part, they more often than not merely sent a man on a bike down to the nearest car parts store to pick up the missing item. This is the reason why the early cars are not completely identical.

Another problem was that the plastic bodies did not always meet the proper standard. Even though they had the exact dimensions when they arrived at the plant, the material sagged under its own weight after a while. The differences were not very large, but sufficient to make other, less flexible parts – such as the windows – hard to fit into place.

As time passed, these teething problems were overcome and they could soon begin to meet the quality demands expressed by the dealers in USA. As one of the leading US dealers emphasized: "Don't scimp on quality just to keep the price under $3000." Although in the same breath he added that it would be useful to keep the sticker price under this limit since sales would be made easier. "Keep it simple, but with Porsche quality!" was his way of summing up the price versus quality compromise. The same dealer had a couple of other ideas on the best way to market the Saab sports car.

He suggested that a brochure be handed out to presumptive buyers long before the car was ready to be shown in USA. "Let those who are interested in lining up to buy the car deposit $100 at an interest rate of four per cent. Every time we send them a check to pay this interest we can use the opportunity to make a pitch for our car," he wrote in a letter to Saab. The only comment is the word "blackmail" written in the margin.

His other idea – which didn't get very far either – was to take the car to the Bonneville Salt Flats and try to set a speed record.

Although these ideas from an enterprising Saab dealer were never realized, the Saab sports car project was getting some publicity on the other side of the Atlantic. Already in 1965, a US hobby magazine, American Modeler, had a drawing showing three Sonett designs in different colors on its cover. Inside a reader could find a 1:24 scale drawing. The idea was that mini-racer enthusiasts could build a scale model since it was common practice for them to build their cars on the basis of drawings published in hobby magazines. It is not known whether anyone tried to build a Sonett mini-racer, but if they didn't, it could not have been because of the quality of the drawings – they were signed by Björn Karlström.

It is more likely that the appearance of this magazine shocked the Saab management since the car was still supposed to be a secret. The cover drawings showed the exact production version that was first revealed several months later.

Work was now underway on the pre-production run of 25 cars. But it did not make its debut in New York as originally planned, but in Stockholm instead. On a winter day, the three hand-made plastic prototypes were shown to a crowd of invited journalists who wrote enthusiastic reports about the new and exclusive Swedish sports car.

The only problem would be the price, said the press. They speculated that it would be priced at about Kr 20,000 (about $4000 at that time).

The Sonett was first shown to an international public at the Motor Show in Geneva in March 1966 and shortly afterwards in New York.

At that time, the price situation became clearer and it turned out that the original estimates had been far too optimistic. A telegram from the US importer must have fell like a bomb for the enthusiasts working on the sports car project at Saab and ASJ.

Ralph Millet stated coldly in a terse telegram: "Shocked to learn price."

Without a doubt, this message from USA was a setback for Saab where they had been discussing an initial production volume of 3,000 cars during the 1967 calender year.

As the dust settled, production got under way at Arlöv. Cars were shipped to eager customers – mainly in the United States. During the 1966 model year, only the three prototypes and the 25 hand-built pre-production cars were made: a total of 28 cars. The 1967 model started off with a series of the same type as the 1966 models. But only 70 of these left the factory before a new model, now sporting the Ford V4 engine under a power bulge on the hood, began to roll off the line.

Saab had finally joined the ranks of the sports car manufacturers!

# CHAPTER TEN

# Sonett V4

**"Swedish fo an expensive toy. You can find it in the toy department."**
**– from a US brochure for the 1968 Sonett**

The two-stroke engine is an ingenious power plant with its few moving parts. The only drawback is that the average motorist found it hard to live with: mixing oil with the fuel

and the tell-tale blue smoke from the exhaust pipe that made drivers behind so mad they tried overtake, even when doing so was dangerous.

Saab worked hard to reduce the problems: a separate oil reservoir was introduced, so ordinary fuel could be pumped into the tanker, and less oil was used to reduce the smell. But in the end the only solution to gain wider acceptance for the Saab car was to find a suitable four-stroke engine as a substitute.

A number of engines were tested, including one from Lancia. However, Saab learned that Ford of America were deep into a small car project –later to be revealed as the ill-fated Cardinal – that was to have front-wheel-drive. To test the new engine without revealing the project, Ford bought a number of Saab 96s and rebuilt the engine compartment to hold the 1,500 cc V4 engine they had developed for their new car.

When the Cardinal project fell through, Ford of Germany took it over to Europe and started a model range under their Taunus marque using the V4 engine which they further developed.

It was then that Saab got hold of some of these engines and the tests showed that V4 was just what Saab needed to revitalize the 95 and 96 models.

The Sonett II also suffered from the two-stroke problems, although in favor of the engine was its light weight. The car was designed for the engine and was beautifully balanced when powered by the two-stroke. It was such a joy to drive, that owners said the twistier the road, the more the fun.

For the same reasons as with the 95/96 models, however, Saab decided to switch to the V4 for the Sonett. There was no great trouble in fitting the engine into the car and it produced much the same output: around 60 hp. Thus the V4 offered roughly the same performance as the two-stroke: 0-100 km/h took about 12.5 seconds.

The big problem was that the V4 engine was some 35 kg heavier and even if this does not sound a lot, it changed the balance of the car radically, since all this added weight was up the front. Although handling was affected to some extent, the car still had the edge on many of the sports cars then on the road.

The above is taken straight from the US brochure for the 1968 Sonett II, which also spoke of the car's safety features – roll-bar, unique diagonally-split brake circuits, and "beneath the body a chassis made of Swedish Steel".

To this one should add the brochure headline: "This is what the Swedes call an expensive toy"

During the first year, only some 70 V4 Sonetts were sold. But in 1968 the figure jumped to 900 and in 1969, 640 were delivered before the arrival of the Sonett III in the fall.

The addition of the V4 engine necessitated in a styling change. The engine was too big to fit in under the hood, even though the air filter had been redesigned to give it a lower profile. There were now two small filter canisters attached to each side with snouts pointing down into the engine compartment. But the hood still could not be closed!

To make this possible a bulge was designed on the hood. To keep it out of the way of the driver's vision, it was placed slightly to the right. Saab considered trying to camouflage it by painting the bulge and part of the hood in matt black. This idea was rejected and they merely added a narrow black strip on the leading edge carrying the name "Sonett".

The advent of the V4 engine was accompanied by a number of changes on the inside. The main one was the new dashboard: the original plywood panel with its mahogany surface was replaced by a plastic one, with a wrinkled matt-black finish that was highly functional in appearance and entirely free from reflecting surfaces.

However, Björn Andreasson, who was chief engineer and airplane designer at ASJ, was still not entirely satisfied with the car. He felt that the car would appeal to a wider range of customers if it had a rear seat – a two-plus-two car in other words.

Working under the unexciting designation of 30-305 Andreasson drew a new design for the rear section, in which the sheet metal link between the rear wheel arches was removed and a new bulkhead inserted at rear edge of the tunnel for the rear axle. This would provide room for a small rear seat but did not leave any space for a fuel tank.

Andreasson had a clever solution to this problem. His drawing shows that there was enough space in the two rear pillars of a 30 liter tank on each side. These would be joined together so that both could be filled from a single filler pipe. In a planned prototype, the idea was to make the tanks out of stainless steel. However, he had an even more advanced solution up his sleeve – reinforced rubber bags of the type used in race cars and aircraft. He even contacted the Swedish rubber company Trelleborg to find out if they could supply such bags.

Before they got that far, however, the project was dropped and never got further than the drawing board – as in so many other cases in Saab's sports car history.

Even though his two-plus-two idea never got off the ground, Björn Andreasson kept on putting forward ideas to improve the cars. Most of them can be found in his memo for a redesign of the 1969 model.

One of his suggestions was to use four five-inch headlights instead of the original two seven-inch ones. The two outer would be used for the low beam and the two inner ones for the high beam. As an another alternative he proposed that the rectangular ones just introduced on the Saab 99 could be used to maintain the family likeness. In both cases, a new headlight arrangement would require a reshaping of the hood. His idea was that the lift-up front section should be bolted to the chassis and a hatch be cut out to give access to the engine compartment.

He also had ideas about remodeling the rear end by replacing the characteristic rear window with a flat openable glass pane. This could serve as a trunk lid, eliminating the need for a separate hatch and also to provide extra ventilation. "If the rear window were opened slightly when driving, the flow through of air would be highly effective," stated Andreasson in a memo recommending this change. The ventilation could also be improved by fitting permanent gills behind the door windows, he mentioned in his memo.

His memo ended by suggesting that they should offer a range of extra equipment. A tuned engine, wider wheels and leather upholstery were among his suggestions. The most notable proposal was stainless steel sill beams – something which latter day Sonett-owners would have appreciated. Rust-resistance was hardly a feature of the Sonett chassis with its numerous welded joints.

Although nothing came of these ideas – the 1969 Sonett was virtually the same as its immediate predecessor – many of them were realized in one way or another in the next version of the Saab Sonett which became known under the designation Sonett III.

## CHAPTER ELEVEN

# Sonett III
# Italian design with a Swedish touch

**"It has the lowest drag coefficient of any car in its class."**
**From an ad in an American magazine.**

The Sonett II and V4 were sporty looking but one could hardly call them elegant. When Road & Track in USA tested the Sonett V4 in the fall of 1968, their comments on the car's design were scathing, to say the least:

"...even the dimmest wit can find funny things to say about the appearance of the Saab Sonett. We'll even admit that it's styling may bring tears of despair and frustration to the eyes of the serious student of automobile design." wrote R&T.

Their design expert said:

"It's a tragedy the styling is so miserable. Especially when Saab had a fresh chance to do something good. The basic shape is okay – kind of perky and responsible for a lot of interest. The surfacing finish and painting of the fiberglass is very good. But every single detail of the Sonett's body – and I could name 80 of them just walking around the car – says the car's designer was naive, insensitive, unimaginative and incapable of carrying out an integrated design. Every detail is either stuck on, screwed on, bolted on, blobbed on or cut out into the existing form. There is not one example of careful integration of any part with the whole," he wrote in Road & Track, September issue 1968.

So much for Road & Track's test which ended with the final conclusion: "Ordinary sports cars may have a prettier styling, but the Sonett is for drivers who are not satisfied with conventional sports cars."

What the motoring press was not aware of was that Saab had turned to Italy's Sergio Coggiola in the hope that he could give the Sonett a more attractive shape. Why go to an Italian designer? The answer is simple. Saab felt it would be a strength to be able to point to a big name and say that the lines had been dictated by a well known stylist from the country that led in car design – Italy.

Coggiola came up with a number of designs, but none of them was completely successful. Indeed the Coggiola car was elegant, but too much in the style of dream cars with excessively low, sweeping lines that would be hard to apply to a real life car, said the Swedish designer who was given the task of translating Coggiola's ideas into a firmer and more functional design.

It should be pointed out here that Coggiola had not been given a completely free hand. The central section with the cockpit was to be kept for cost reasons, while the front and rear sections could be changed with considerable leeway.

The Coggiola design was based on a long and slender nose section with lines that made it look even longer than it was in reality. A low grille covered the entire breadth of the front end and below it was an additional well-hidden air-take for the radiator. The front was so low that conven-

tional headlights could not be used – they would have ruined the car's smooth lines. The alternative was to adopt the expensive solution of fitting retractable headlights.

Despite the low nose, only a very small bulge was needed to provide space for the V4 engine. Coggiola designed this bulge in such a way that it almost disappeared in the smooth hood line. A radical improvement over the hood on its predecessors with its various bulges and bumps.

For the rear section, Coggiola proposed various treatments. One thing was clear: the expensive-to-make bulbous rear window was to be replaced by a flat almost square window that also served as a hatch for the luggage compartment.

The earlier Sonetts had been criticized for the small access hatch which made the admittedly large luggage compartment hard to use. To improve rearward visibility, Coggiola added extra side windows at the rear so that the total window area was more or less the same as on the earlier Sonett, albeit now divided into three sections. His solution was exactly the same as the one proposed much earlier by Björn Karlström as an alternative to his design for the rear of the MFI prototype.

Coggiola, however, did more than just follow Saab's design assignment:
"I also drew a completely new design with quite different lines." relates Sergio Coggiola. It was just a trial balloon and Saab never gave it serious consideration. At that time Saab knew that the car had only a few more years to live and there were thus no plans to start on an entirely new body design.

Not all of Coggiola's design changes reached production entirely unmodified, although the basic idea was retained and the ultimate Sonett is very close to his styling proposal. The biggest difference can be found in the rear section. His idea of adding side rear windows was rejected for reasons of economy. Rearward visibility was therefore extremely poor, but production of the body was simplified radically without them. Small side windows that could be opened to improve ventilation were added.

His ideas for the nose section were used without much modification, even though they did not work quite as well as had been hoped. Gunnar A Sjögren is the man at Saab who had the delicate task of reworking them to suit the real world. It was also Sjögren who later gave the grille a new design that involved the theme of a central frame that was to be the trade-mark of "ordinary" Saabs in years to come.

"Sure the Italian drawings were good-looking, but they were dream cars that were not really suitable for production", commented Sjögren. "We couldn't keep the nose as low as Coggiola had intended. Even the bulge over the engine had to be made a little larger to enable the hood to be closed. Although by painting it matt black, it seemed almost to disappear completely."

The retractable headlights were retained, despite their cost and complexity, since there seemed to be no alternative if the low front section was to be kept unchanged. To make them as cheap as possible, they were operated by hand with the aid of an umbrella handle that was pulled out. The Porsche 914 that appeared at much the same time had a similar solution, although the German designers were able to afford electrically operated bug-eye lights. Saab had plans to switch to electrically operated lights on the 1971 or 1972 versions of the Sonett, but stuck to the manual system since it worked well enough.

Inside the car, the dashboard that came into production was very close to Coggiola's design. However, Saab did not take up his idea of combining the console around the gear-lever with the instrument panel. The center of this panel, which was to be angled to face the driver, was to carry various instruments and switches. Although the basic idea was rejected, the central part of the instrument panel was extended downwards, without being joined to the floor console. That Coggiola was on the right path with his dashboard design is illustrated by the instrument panel

now used on the Saab 900 and a number of other cars which are asymmetrically vaulted around the driver's seat.

Another item that never made it to production was the planned inner window between the cockpit and the luggage compartment, i.e. just above the fuel tank. The purpose of this window was to reduce noise coming from the rear. However, the idea was dropped at an early stage to keep costs down.

Sonetts with the Italian-inspired body were subjected to severe testing, including winter tests in Northern Finland, as was strongly emphasized in the press release that was distributed when the car was launched.

However what the release neglected to mention was that the flat rear window fogged up easily. It quickly became evident that an electrically heated rear window would be the only effective solution and it was Saab's intention to offer one as an option when the car was introduced. However, this never came about, largely owing to the fact that Saab claimed at that time that such a system would draw too much current. Even on the standard cars, Saab waited until the mid-seventies before introducing an electric rear window demister on all their models.

When the Sonett III made its debut at the 1970 Auto Show in New York, it was shown in two versions: standard and luxury. The difference between them was not all that great. While the standard model had steel wheels taken from the Saab 96, the luxury version had alloy rims of a unique design. These wheels were produced by a small company, Tunaverken, in Eskilstuna, Sweden, and were made only for the 1970 model of the Sonett III.

The interiors of the two versions differed in that the standard version had brown corduroy upholstery on the seats, with vinyl trim in the same color. The luxury version had leather-covered seats.

Common to both versions was that the engine was in reality more powerful than stated in the specifications. The secret behind this power increase was the use of twin exhaust pipes, dictated by the need to increase the ground clearance. They enabled the engine to breathe better and thus become more powerful and livelier than in the Saab 96.

The reason why Saab never revealed this power increase was that they simply did not want to be forced to go through with a second round of certification tests for the U.S. exhaust emission requirements. No matter how tempting it would have been to add "stronger engine" to their sales arguments.

It is interesting to note that there is no emblem on the car stating who designed the body. Saab made no secret of the fact that it was Sergio Coggiola who had held the pen, but they never stuck his badge in the car. The idea had been discussed but never advanced beyond being noted in the minutes of a meeting. Maybe it was because the Italian shape had been given so much of a Swedish touch.

In 1971, the wheels were redesigned and now resembled those later to be used on the EMS. A further move to increase the Saab identity came in the following year when the grille was given a treatment mentioned earlier that indicated what was to come later on the Saab 99.

The next and final exterior change took place on the 1973 models which were fitted out with the strong Saab self-repairing and rubber covered bumpers that had appeared on the 99 models in the previous model year. These bumpers were truly effective in minimizing or entirely eliminating damage in minor collisions, but no one in the world could say that they did much for the car's design.

The 1974 model year was to be the last one and there were no changes to speak of. The reason for Saab's decision to drop their sports car was the cost of modifiying it to meet the ever growing list of safety and emissions requirements in USA.

But the clever engine designers at Saab's unique laboratory had a surprise up their sleeves. Experiments in turbocharging their two liter engine for the 99 had proved so successful that they realised it would soon no longer be necessary to offer a sports car to build up Saab's image as a

maker of performance cars. It thus might be added to all the rest that has been said about the Saab Turbo, that it was also one of the reasons why the Sonett story ended in 1974.

However, as well can be seen on the following pages, the people at Saab never relly lost interest in making a sports car just because they discontinued the Sonett III.

## CHAPTER TWELVE

# "The X Cars"
# Successors to the Sonett III

**"...and we realise that because of the current world situation, you would like to postpone the project."**
**Quote from a letter from an Italian car designer, dated December 1973.**

Don't ever believe that Saab's interest in making sports cars died with the Sonett III. Project ST – or X 30 – was supposed to be a direct successor to the Sonett and would have been called the Sonett IV had it ever come into production. The car was to have been launched as close after the discontinuation of the Sonett III as possible and Saab had coldly calculated that April 1973 would have been a suitable time.

The car was to be designed by an Italian stylist and it would be built around the Saab two-liter engine. Mention was also made of fitting the engine with twin carburetors and a turbocharger!

The maximum price was set at $5,500 and the car was foreseen as a competitor to the Corvette, the Datsun 240Z and the Porsche 914, to name just a few examples.

The arrival of the first energy crisis came at a most inappropriate time for such a project which was understandably mothballed for an indefinite period before being discarded entirely.

Even Björn Andreasson tried his hand at drawing a successor to the Sonett III. He proposed a two-plus-two design with the 99 engine installed back-to-front. In other words with most of the weight behind the front axle, just as had been done with the original Sonett in the mid-fifties.

The lines of the 4.1-meter-long car resembled strongly the coupé Audi built on the basis of their 100 range in the seventies. Andreasson drew a car with a fold-down rear seat which, when in place, had space for two – very small – children. When folded down, it produced a record-sized luggage area that could be reached via the rear hatch.

These were not the only sports car projects involving Saab. Yet another Italian designer drew a small sports car that was proposed as a successor to the Sonett III and this time with 99 components under the skin. Designated the X 18, a number of versions were sketched, all of which exhibited a distinct wedge shape and rounded lines.

Once again the energy crisis got in the way and Saab's engineers were forced to devote all their efforts to developing standard cars and engines using less and less fuel, but with undiminished performance. Just beyond the horizon lay the solution that was to make a sports car out of over twenty per cent of all the Saabs leaving the Trollhättan plant... the Saab Turbo. But that's another story.

## CHAPTER THIRTEEN

# The Sonett as a competition car

### "We were as fast as the Porsche 904."
### Erik Carlsson

"You will probably never race – but you will be tempted", extolled a brochure for the 1968 Sonett II which also showed a picture of a Sonett V4 with a start number on the door panel.

The Sonett's racing career began long before the Sonett V4 came along. As stated earlier, Rolf Mellde's original idea was to build a car that was tailored to win the Swedish Rally, since the standard Saabs of that time were not competitive enough. The first time a Sonett was put to the test in a competition was not in a rally, but on a race circuit – in 1957 it was raced against Lotuses and other established sports cars on the Gelleråsen track at Karlskoga.

Erik Carlsson was one of the drivers and remembers how the Sonett tried to hold its own against the super cars. "The Sonett had beautiful roadholding," he recalls, "but we didn't have a chance against the bigger-engined cars under normal conditions. However, if we were lucky to get a rain shower, we left them behind us skidding into the straw bales."

The Sonett I's racing career was over before it got started.

A month after its debut, the rules were changed, a new class was introduced, Group 3, which enabled the factory to compete with the standard 93, lightened and powered by the same tuned engine used in the Sonett.

Before it was completely retired from racing, it was however entered in the Kristianstad GP in southern Sweden. "All I can remember is that we won the Concours d'Elegance," says Erik Carlsson, "They stuck a silver plaque on the dash, but I wonder if it is still there."

Thus there were to be no Sonetts in motor sports until the Sonett II arrived on the scene nearly ten years later.

When that happened, it was something of a shock for the Saab management. Saab's importer in Switzerland, Paul Macchi, was a passionate racing driver who over the years had entered and won all kinds of events in both 96s and Saab Sports: hill-climbs and slalom runs. When he got hold of an early Sonett II as a demonstrator to show to prospective customers, he could not resist the temptation to try it out on the race track. To Macchi's, and everyone else's, surprise it proved to be a winner, even though it was classed as a prototype since only a few Sonetts had been built until then. Although he faced some pretty tough opposition, competing against special-built race cars, Macchi won a class victory and went on to take it to Monza and Hockenheim with mixed success. In his opinion, this way of demonstrating the car's capacity beat taking it around the block, one customer at a time. In 1966, Paul Macchi's Sonett was placed fourth in the Swiss Championship for Sports Cars, which covered a series of events including circuit races, rallies, hill-climbs, etc.

Meanwhile back in Sweden, ASJ, who built the car, pushed for Saab to enter it in motor sports. For Saab motor sport has always meant rallying and the Competitions Department were soon examining the Sonett as a potential rally winner. Their first goal was to prepare a car for the legendary "Coupe des Alpes", that started and finished in Marseilles each September. The roads were some of the most twisting in the Alps and they were all tarmac – perfect for the Sonett, thought the boys in Trollhättan.

They prepared two cars which were entered in the sports car class. This allowed them to be tuned with a fair amount of freedom. The two-stroke engines were enlarged from the original 841 cc to 940 cc, enabling them to squeeze out all of 93 horsepower (roughly equivalent to 100 hp per liter!).

Since the cars could be lightened from all unnecessary ballast – all they really needed were two seats and a fuel tank, over and above the mechanics – and the transmission was given lower ratios, acceleration was phenomenal: 0-100 km/h in about 8 seconds!

This was an exceptional figure in those days – even Saab's highly acclaimed Turbo cars need nine seconds to reach this speed. The top speed of these specially prepared Sonetts was only around 140 km/h – but this was more than sufficient for the winding roads of the Coupe des Alpes, where speeds seldom exceeded 100 km/h.

Even though the Sonett II was light and handy it was by no means easy to drive. The super-tuned engine required a skilled driver with a sensitive engine-ear to to make full use of its promised performance.

If the engine speed fell below 3,500 rpm, it could easily stall. To get the best performance, it had to have the right spark plugs. If they were too soft, the engine started easily and idled smoothly, but would be seriously damaged when called upon to give full power. When harder or hotter plugs were fitted, it could stand up to hard driving, but was a pig to start when cold.

The crew Saab chose for this rally were two of the most famous Saab crews of all time: in a silver car were Erik Carlsson and Torsten Åman, and in a red one Erik's wife-to-be Pat Moss and her long-time co-driver Elisabeth Nyström. Torsten Åman has vivid memories of the rally and how they prepared for it:

"We spent 14 days recceing the entire 5000 km, making pace-notes of every bend and turn. We drove standard 96s with 55 bhp engines and managed to cover the entire route twice before the actual rally started.

"The two Sonetts we drove in the rally were identical in all respects, except that in Erik's and my car we had to remove the standard bucket seats and install extremely low seats, otherwise we couldn't wear helmets because of the low roof."

"From the very start of the rally, we saw that we could keep even with the fastest entries and everything seemed very promising. We didn't even lose ground on the Porsche 904s – and they were the fastest in rallying at that time," remembers Erik Carlsson.

"But just when we were about to set off on one of the special stages, the engine started to misfire and we were sure that the plugs were acting up again. We literally tore off the hood and pulled out the plugs. New ones were stored in a special holder in the engine compartment and after about two minutes we were on our way again."

"Still today, I remember vividly how wild Erik was after losing so much time," recalls Torsten Åman. "He literally thrashed the car over the mountain roads. Up and down, through hair-pin bends in the most brutal way I have ever seen."

But not even Erik Carlsson's renowned determination could help. The engine started to run again and despite another quick change of plugs ("we had plenty of plugs," remembers Åman), they couldn't get the engine to run properly. For a while they struggled along on two cylinders to try and reach the next service point, but never made it.

"We were standing by the roadside, watching the others rush past. Only Pat and Elisabeth never showed up," relates Torsten Åman. "They had started after us and should have been along soon after we had to stop. But they never showed up. When we were picked up by one of our service cars after waiting a couple of hours, we learned that they too had been forced to give up with the same problem we had. Their engine had also started to misfire before finally failing completely."

It all seemed very mysterious. What could cause two cars to suffer from exactly the same fault after they had run like rockets from the start? Erik and Torsten both began to suspect that there was something wrong with the fuel. Samples were taken and back home in Sweden and these were sent in for analysis. The tests revealed that the fuel was heavily contaminated, although it was hard to determine with what. It was this contamination that caused the plugs to foul and eventually the engine to stop running.

"We never did find out what really had happened," says Torsten Åman. "But one thing was for sure, that after this incident we never left our cars alone without first putting on a lockable fuel cap."

Erik Carlsson, on looking back on this event says: "One thing I can say for certain is that we would probably have had trouble in doing the whole rally, even if we had not suffered from the fuel problem. The fact of the matter is that our cars were very fast – perhaps too fast, since they burnt up tires at a rate far beyond our wildest fears. So it is perhaps just as well that we dropped out when we did."

The two Sonett IIs used in the Coupe des Alpes were never used for competition again. Mainly because there was no other event for which they were suited. The were, in reality, designed for paved roads and most rallies are run on dirt roads.

The only other serious rally attempt with a Sonett took place three years later when the Finnish driver Simo Lampinen started in the 1969 Monte Carlo Rally with a Sonett V4. He was in a strong position to win outright when the organizers disqualified him for missing a check point that many felt had been incorrectly indicated... but that's another story.

For the rest, the Sonett's motor sports history is limited to the sporadic efforts of a few enthusiastic owners. In Switzerland, Paul Macchi tried his luck again on the European race circuits when the Sonett V4 came along. But the engine could not deliver enough power to make it competitive against the high-powered cars that were dominating the scene at that time.

In the United States a number of private drivers entered their Sonett IIs and IIIs in small sports car events around the country. Some are still at it. One of them, Rob Wolf, who sells Saabs for Ed Wolf Shaker in Cleveland, has specialized in tuning Sonett III V4 engines, both for himself and other dedicated Sonett owners. Whenever he has the time he puts his 100 hp Sonett to the test on nearby circuits.

# The production of Sonetts, year by year

## 1966

### Two dozen pre-production cars

In January 1966, Saab revealed the first production version of the Sonett II which must still be regarded as being more or less a prototype, although it now had largely the same shape as the "proper" production cars.

The Sonett made its international debut at the 1966 Geneva Motor Show, where one car was displayed on the Saab stand and a second one was available for test drives on a nearby race circuit.

In April of the same year it was shown at the New York Auto Show.

The pre-production cars had an oval plastic grille with a net-covered opening above the air-intake. "It looks like a loudspeaker on a pre-war radio", remarked one journalist not overly impressed by this design.

The turning indicators at the front consisted of drop-shaped bubbles located either on top of or on the side of the front fenders: both solutions were tried. The lightweight lift-up front was locked in place by two chrome-plated latches – one on each side. They were located between the front wheels and the doors and were identical to those Triumph used on the Spitfire and Herald.

The interior was done up in gray and black, with the exception of the dashboard which had a walnut finish on a mahogany plywood board. The instruments were taken from the Saab 96 Monte Carlo. There was no glove compartment. The seats, which had no head-rests, were made of molded fiberglass, covered with cloth and with the edges reinforced with black cloth-backed plastic. Behind the seats and above the box covering the fuel tank, was the roll-bar which was chromed on the pre-production cars.

In all, 24 pre-production cars were built during 1966, preceded by four entirely hand-built prototypes, before proper production was started in the fall. The true production cars are listed as 1967 models.

Ten of the pre-production Sonett IIs were never sold. Six were kept by Saab for further testing, while the others were used as company cars by various employees or were lent to suppliers for testing their products in a sports car.

---

**Saab 97 Sonett/Model Year 1966**

**Chassis numbers 1 - 28**
**Total production during model year: 4 + 24 cars**
**Engine: Two-stroke, three cylinders in line with water cooling. Bore/stroke: 70 x 72.9 mm. Displacement: 841 cc. Max output: 60 bhp DIN at 5,200 rpm. Max torque: 9.6 kpm at 4,000 rpm Compression ratio: 9.0:1. Single Solex horizontal draft carburetor. Lubricating oil was fed to lubricating points from a separate reservoir by means of a crankshaft-driven pump. Electric radiator fan with thermostat control.**
**Transmission: Front-wheel drive. Fully synchronized four speed gearbox with steering column gear-lever and free wheel. Dry clutch.**
**Brakes: 10.5 in discs on front wheels and 8.0 in drums on rear wheels made by Lockheed. Diagonally split dual circuit. Mechanical handbrake acting on rear wheels.**
**Dimensions/weight: Length: 3,700 mm. Width: 1,445 mm. Height: 1,116 mm. Wheelbase: 2,149 mm. Track width front/rear: 1,220 mm. Curb weight: 660 kg. l. 60 per cent of weight on front wheels.**
**Performance: 0-80 km/h: 9 sec. 0-100 km/h: 12.5 sec. Top speed: 150 km/h.**

## 1967

### The first "real" Sonetts

The 1967 model of the Saab 97 was the first real production version. Earlier cars were either prototypes or pre-production cars.

The production cars were given a new grille treatment with a more sober appearance. The air-intake, now rectangular, was decorated with horizontal bars. Round parking/indicator lights were placed on either side of the grille. A Saab emblem – placed on the hood in front of the slight bulge – was done in the characteristic tall, compact letters of that time. It is odd to note that the designation "Sonett" was not to be found anywhere on the car – all the emblems merely indicated that it was a "Saab".

Ventilation was appalling in the pre-production cars and various items that did not fit in with the overall design had to be added. In front of the windshield, they mounted a scoop that led air into the heating system, and behind the doors "ears" were stuck on to improve removal of cockpit air.

The chromed Triumph latches holding down the hood were replaced with a more simple blade rubber latch of the type used on rally and race cars.

The brakes were modified as was the interior. The interior colors were still gray and black, but the seats were now covered with perforated cloth-backed plastic. The same material was used on the inside of the doors. There was still no glove compartment, but there was now an opening for a car radio in the plywood dashboard. The instruments, which had been housed in a sheet metal panel, were now mounted directly in the dashboard. In front of the driver was a speedometer, with an odometer and a tripmeter, and a rev-counter. The latter had markings up to 7,000 with the red line at 5,500 rpm. These two main instruments were flanked by a fuel gage on the left and water temperature gage on the right. In the center of the instrument array was a clock. The ignition key was on the left, while the other controls were placed in the middle of the dashboard.

The production cars had the same mechanics as the pre-production ones.

## Saab Sonett II: Model Year 1967

**Chassis numbers: 29 - 258**
**Total production for model year 1967 was 230 cars of type II.**
**Engine:** Two-stroke, in-line three cylinder. Water-cooled with pump. Bore/stroke: 70 x 72,9 mm. Displacement: 841 cc. Compression ratio: 9.0:1. Max output: 60 bhp DIN at 5,200 rpm. Max torque: 9.6 kpm at 4,000 rpm. Triple horizontal draft carburetors from Solex. Lubricating oil was fed to the lubricating points from a separate reservoir by means of a crankshaftdriven pump. The electric radiator fan had a thermostat control.
**Transmission:** Front-wheel-drive. Four-speed gearbox with synchromesh on all forward gears. Free-wheel. Column gear-lever. Dry clutch.
**Brakes:** 10.5 in dises on front wheels and 8 in drums at rear, made by Lockheed. Brake area: 650 cm². Diagonally split dual circuit. Mechanical handbrake acting on rear wheels.
**Dimensions and weight. Lenght:** 3,770 mm. **Width:** 1,445 mm. **Height:** 1,116 mm. **Wheelbase:** 2,149 mm. **Track:** 1,220 mm. **Curb weight:** 660 kg. **Tank:** ... 1.60 per cent of weight on front wheels.
**Performance:** 0-80 km/h: 9 sec. 0-100 k/h: 12.5 sec. **Top speed:** 150 km/h.

# 1968

## V4 Engine also in the Sonett

At the IAA Motor Show in Frankfurt in the autumn of 1967, Saab revealed a Sonett II with a four-stroke engine. The Ford-designed and -built V4 engine was now being used by Saab in their Saab 95 and 96 models instead of the two-strokes. This move proved so successful that Saab sales went up again and these models remained in production until the end of the 1970s.

However, putting the V4 engine into the Sonett II did not prove so successful.

It was admittedly just as powerful – in fact it added a few extra horsepower – but it also added 35 kg. This weight increase might seem small, but since it all came on the front wheels, the car's handling was altered radically.

The V4 engine used in the Sonett was virtually identical with the one used in the Saab 95/96. The valve springs, however, were somewhat harder to be able to withstand "sportier" driving. Furthermore, a completely different air-filter had to be used in order to enable the engine to be fitted under the hood at all. Two paper filters were placed in downward pointing snouts connected to a flat unit on top of the carburetor. Two exhaust pipes were fitted to the exhaust manifold.

The gearbox was also largely unchanged. Only the final drive was modified to compensate the lower weight of the Sonett. The theoretical speed of the Sonett V4 was all of 29.0 km/h at 1,000 rpm, as compared with 24.9 km/h for the standard car.

The V4 engine was entirely different in character to the two-stroke, which needed constant gear-shifting to obtain its best performance. The Ford engine was much more refined and the less active use of the gear lever made it much more appealing to drive in city traffic, although some enthusiasts felt it lacked the spirit of the original two-stroke.

The V4 engine also changed the shape of the car, which now sported a bulge on the hood which, during the model year, was decorated by a badge stating "Sonett V4" in gray on a black background.

The interior featured a new plastic dashboard with a black wrinkle-finished surface. A glove compartment was finally included, but it was in reality useless since it lacked a lid and consequently the contents flew out when accelerating.

The heavier engine required some upgrading of the chassis, such as stronger springs and dampers as well as reinforcement of the mountings. Wider wheels were added: 4.5 in. As in the past, the car was shod with radial tires, now 155 x 15 to avoid increased understeer with the heavier engine.

## Saab 97 Sonett – Model Year 1968

**Chassis numbers: 329 - 1,228 \*)**
**Total production during model year: 899 cars**
**Engine:** V4 four cylinder, four-stroke, water cooled with pump. Bore/stroke: 90 x 58.86 mm. Displacement: 1,498 cc. Max power: 68 bhp DIN at 4,700 rpm. Max torque: 11.7 kpm at 2,500 rpm. Compression ratio: 9.0:1. Single FoMoCo downdraft carburetor.
**Transmission:** Front-wheel-drive. Four-speed gearbox with synchromesh on all forward gears and free-wheel. Dry clutch. Column gear-lever.
**Brakes:** 10.5 in. discs (front) and 8.0 in. drums (rear) from Lockheed. Brake area: 650 cm². Diagonally split dual circuit. Mechanical handbrake acting on rear wheels.
**Dimensions and weight: Length:** 3,770 mm. **Width:** 1,445 mm. **Height:** 1,116 mm. **Wheelbase:** 2,149 mm. **Track:** 1,220 mm. **Curb weight:** 725 kg.
**Performance:** 0-80 km/h: 9 sec. 0-100 km/h: 12.5 sec. **Top speed:** 160 km/h.

**\*)A number of Sonetts V4s were built before production proper began and these are listed as model year 1967. They had chassis numbers 259-328.**

## 1969

### Almost no changes

The 1969 model is almost indistinguishable from its immediate predecessor when seen from the outside. However, inside there were some important changes. The seats were of a new design with high backs that served as head-restraints and were of the same type as those later to be used in the Sonett III.

Another visible change was the glove compartment which at last had a lid that kept its contents in place. The only change under the skin was a more effective heater. The reason for so few changes on the 1969 model was that Saab had plans for big changes on the 1970 model which was to become the Sonett III.

### Saab 97/Sonett II – Model Year 1969

**Chassis numbers: 1,229 - 1,869**
**Total production during the model year: 639 cars.**
**Specifications unchanged from 1968.**
Engine: V4 four cylinder, four-stroke, water cooled with pump. Bore/stroke: 90 x 58.86 mm. Displacement: 1,498 cc. Max power: 68 bhp DIN at 4,700 rpm. Max torque: 11.7 kpm at 2,500 rpm. Compression ratio: 9.0:1. Single FoMoCo downdraft carburetor.
Transmission: Front-wheel-drive. Four-speed gearbox with synchromesh on all forward gears and free-wheel. Dry clutch. Column gear-lever.
Brakes: 10.5 in. discs (front) and 8.0 in. drums (rear) from Lockheed. Brake area: 650 cm². Diagonally split dual circuit. Mechanical handbrake acting on rear wheels.
Dimensions and weight: Length: 3,770 mm. Width: 1,445 mm. Height: 1,116 mm. Wheelbase: 2,149 mm. Track: 1,220 mm. Curb weight: 725 kg.
Performance: 0-80 km/h: 9 sec. 0-100 km/h: 12.5 sec. Top speed: 160 km/h.

## 1970

### Now with a new shape

The 1970 Sonett had an exterior that was radically different to that of its predecessors and was therefore designated Sonett III.

The nose featured a grille that extended the entire width of the car and was decorated with three horizontal bars, flanked by round combination lights for parking and turning indicators. The headlights were retractable. The front section was now permanently attached to the body and the engine was reached only via a small hatch. The bulge above the engine had now been flattened and was disguised by painting it matt black.

The 200 liter luggage compartment was reached by lifting the flat rear window which was then held up by a rod on the left side. The window was released by a latch behind the driver's right shoulder.

There was now a floor gear-lever that so many had felt was lacking. The high-backed seats were covered with brown corduroy and brown cloth-backed vinyl on the sides. A luxury model featured leather upholstery.

The instruments had also been modified. At center in front of the driver was the rev-counter. At left there was a combination instrument – fuel and tempmeters – and at right a speedometer with odometer and tripmeter. With the exception of the rev-counter, all instruments had been taken from the 99, including the stalks for the blinkers and windshield wipers. In the center of the dashboard were the heater/ventilation controls. At the far left was a generously sized handle, which, when pulled out – and this required a strong tug – raised and turned on the headlights.

At the opposite end of the dashboard was a glove compartment below which there was a grab handle.

The badges on the Sonett III were the same as those found on the contemporary Saab 99. Up front was the old emblem with the tall and narrow Saab logo on a blue background. At the rear was the new Saab logo, done in a low, broad type-face. Inside there was a black plate on the dashboard with Sonett III in chromed letters. The standard model had steel rims and the "luxury" model – i.e. the one with leather upholstery – sported cast alloy wheels made by Tunaverken at Eskilstuna, Sweden.

Although the exterior was all new, underneath, the Sonett III differed only slightly from the last Sonett II. The few changes introduced were mainly modified parts from the current 96 models.

### Saab97/Sonett III – Model Year 1970

**Chassis numbers 70500001 - 70500303**
**Total production during the model year: 303 cars**
Engine: V4, four cylinder, four-stroke, water-cooled with pump. Bore/stroke: 90 x 58.86 mm. Displacement: 1,498 cc. Compression ratio: 9.0:1. Max power: 68 bhp DIN at 4,700 rpm. Max torque: 11.7 kpm at 2,500 rpm. Single FoMoCo downdraft carburetor.
Transmission: Front-wheel-drive. Four-speed gearbox with synchromesh on all forward gears and free-wheel. Floor-mounted gear-lever. Dry clutch.
Brakes: 10.5 in. discs (front) and 8 in. drums (rear) from Lockheed. Diagonally split dual circuit. Mechanical handbrake acting on rear wheels.
Dimensions and weight: Length: 3,900 mm. Width: 1,500 mm. Height: 1,190 mm. Wheelbase: 1,149 mm. Track: 1,232 mm. Curb weight: 1900 lbs. Tank: 60 l.
Performance: 0-80 km/h: 9 sec. 0-100 km/h: 13 sec. Top speed: 165 km/h.

# 1971

## A bigger engine

The exterior changes on the 1971 model were mainly cosmetic. Up front, the grille had been redesigned. Instead of the three aluminium bars, there was now a rhomboid-like decor in the middle of the matt black nose – resembling the design that was later to be used on the Saab 99 when the hatchback version appeared in 1974. The badge on the hood was dropped in favor of a round emblem in the center of the new grille.

The rear panel was painted black. The wipers were improved to provide a better field of view for the driver. The horn button was moved from the stalk at right to the steering wheel hub.

A Coolair air-conditioning unit now became available as an optional extra.

A new wheel design was introduced: 4.5 in. cast alloy rims that resembled those then being used on the new 99 EMS. Unlike the EMS wheels with their blacked out areas, the Sonett wheels were natural aluminum in color. Both the EMS and Sonett wheels were made in Norway.

The 1971 model had a larger muffler to cut down noise.

The biggest change on the engine was the use of a new crankshaft that increased the stroke to 66.8 mm. This in turn increased the displacement, but since the compression ratio was reduced at the same time, there was no increase in output. The reason for switching to a 1,700 cc engine, instead of the earlier 1,500 cc unit, was to meet the US exhaust emission requirements. The new, larger engine had no noticeable effect on the car's road performance. An invisible but still important improvement were protective beams built into the doors. These were designed to protect the occupants in the event of a side collision.

Worth noting is the fact that this was the first model year to be built in more than one thousand units.

### Saab97/Sonett III – Model Year 1971

**Chassis numbers: 71500001 - 71501265**
**Total production during the model year: 1,265 cars**
Engine: V4, four cylinder, four-stroke, water-cooled with pump. Bore/stroke: 90 x 66.8 mm. Displacement: 1,698 cc. Compression ratio: 8.0:1. Max power: 68 bhp DIN at 4,700 rom. Max torque: 11.7 kpm at 2,500 rpm. Transmission: Front-wheel drive. Four-speed gearbox with synchromesh on all forward gears and free-wheel. Floor-mounted gear-lever. Dry clutch.
Brakes: 10.5 in. discs (front) and 8.0 in. drums (rear) from Lockheed. Diagonally split dual circuit. Mechanical handbrake acting on rear wheels.
Dimensions and weight: Length: 3,900 mm. Width: 1,500 mm. Height: 1,190 mm. Track: 1,232 mm. Curb weight: 1900 lbs. Tank: 60 l.
Performance: 0-80 km/h: 9 sec. 0-100 km/h: 13 sec. Top speed: 165 km/h.

# 1972

## A few stayed at home in Sweden

The 1972 model of the Sonett is virtually identical to the 1971 model. Production now began to climb and reached all of 2,000 units. There were now enough cars to let a few be sold on the Swedish market, and the 1972 models are the most commonly available to Swedish Sonett buyers even today.

### Saab 97/Sonett III – Model Year 1972

**Chassis numbers: 97725000001 - 97725002000**
**Total production during the model year: 2,000 cars.**
(Specifications: see 1971)
Engine: V4, four cylinder, four-stroke, water-cooled with pump. Bore/stroke: 90 x 66.8 mm. Displacement: 1,698 cc. Compression ratio: 8.0:1. Max power: 68 bhp DIN at 4,700 rpm. Max torque: 11.7 kpm at 2,500 rpm. Transmission: Front-wheel-drive. Four-speed gearbox with synchromesh on all forward gears and free-wheel. Floor-mounted gear-lever. Dry clutch.
Brakes: 10.5 in. discs (front and 8.0 in. drums (rear) from Lockheed. Diagonally split dual circuit. Mechanical handbrake acting on rear wheels.
Dimensions and weight: Length: 3,900 mm. Width: 1,500 mm. Height: 1,190 mm. Track: 1,232 mm. Curb weight: 1900 lbs. Tank: 60 l.
Performance: 0-80 km/h: 9 sec. 0-100 km/h: 13 sec. Top speed: 165 km/h.

# 1973

## Increased safety

Saab earned widespread international acclaim and many awards for the impact absorbing bumpers it launched on its cars in the early seventies. In 1973, these were now mounted on the Sonett – not doing much to improve the car's looks, but certainly increasing its ability to withstand small collisions. They could absorb bumps of up to 5 mph without any damage to the car – and this latter became the US requirement. US insurance companies also rewarded drivers of cars with such bumpers by offering them lower premiums.

Saab's unique design consisted of a honeycomb-like series of plastic sections inside a rubber sleeve, mounted on a strong bar and attached to the car by special mountings.

Another safety-related change on the 1973 Sonett III was a further strengthening of the doors to withstand side collisions – this was an expensive change that cost 108 kronor in production. Much less expensive was the decision to cover the gear-lever knot with vinyl plastic: here the additional cost was a mere 2 kronor.

Other interior changes included new upholstery, new interior door handles – taken from the four-door Saab 99 – and a new cowling over the gear-lever linkage on the floor, with a larger compartment for loose objects. The biggest interior change was the new dashboard with all controls lighted. The handle for raising the headlights was redesigned. The rear window was now fitted with damper struts in place of the rod to hold it open. A rain trough was added to prevent water running into the car when the window was opened. The wiper arms were done in flat black.

The wheels were now decorated with blacked out sections, just like the EMS wheels, and the tire size was increased from 155 to 165 SR 15.

### Saab 97/Sonett III – Model Year 1973
**Chassis numbers: 97735000001 - 97735002300**
**Total production during the model year: 2,300 cars**
**Engine: V4, four cylinder, four-stroke, water-cooled with pump. Bore/stroke: 90 x 66.8 mm. Displacement: 1,698 cc. Compression ratio: 8.0:1. Max power: 68 bhp DIN at 4,700 rpm. Max torque: 11.7 kpm at 2,500 rpm.**

# 1974

### The last of the Sonetts

1974 turned out to be the last model year and the last car became the 10,236th Sonett to be produced since production began.

The reason that Saab dropped their sports car was mainly the vast redesign that would have been necessary to enable the car to meet the approaching, stiffer exhaust emission standards. Since the volume of cars being sold was relatively small, the cost for the redesign would have been too high per car to warrant an acceptable customer price.

Aware of this, Saab of course made only few changes on the 1974 models. The main exterior change is the application of stripes along the sides. They had in the past been offered as an accessory but now became standard.

More significant was the introduction of headlight wip-washers – a Saab innovation that the company had made standard equipment on all its other cars already in 1971, with the exception of the Sonett, the reason being that the original Saab construction was designed for rectangular headlights while those on the Sonett were round and what's more, were retractable – all of which made things more complicated. But Saab's stubborn engineers didn't give up that easily, and after some experimentation they came up with a new design that worked like the wipers on the windshield.

The very last Sonett to leave the former railroad car factory in Arlöv was bright yellow and now resides in Saab's museum in Trollhättan.

### Saab 97/Sonett III – Model Year 1974
**Chassis numbers: 97745000001 - 97745002500**
**Specifications 1973 and 1974**
**Engine: V4, four cylinder, four-stroke, water-cooled with pump. Bore/stroke: 90 x 66.8 mm. Displacement: 1.698 cc. Compression ratio: 8.0:1. Max power: 68 bhp DIN at 4,700 rpm. Max torque: 11.7 kpm. Single Fo-MoCo downdraft carburetor.**
**Transmission: Front-wheel drive. Four-speed gearbox with syncromesh on all forward gears and free-wheel. Floor-mounted gear-lever. Dry clutch.**
**Brakes: 10.5 in. discs (front) and 8.0 in. drums (rear) from Lockheed. Diagonally split dual circuits. Mechanical handbrake acting on the rear wheels.**
**Dimensions and weight: Length: 4,065 mm. Width: 1,500 mm. Height: 1,190 mm. Wheelbase: 2,149 mm. Track: 1,232 mm. Curb weight: 1600 lbs. Tank 60 l.**
**Performance: 0-80 km/h: 9 sec. 0-100 km/h: 13 sec. Top speed: 165 km/h.**

*Paret Erik Carlsson/Torsten Åman på startbryggan inför Coupe des Alpes-rallyt. Här anar de båda inte vilka problem de ska möta – och knappast heller inte hur snabb deras silvergrå Sonett är.*

*Erik Carlsson and Torsten Åman on the starting ramp at the Coupe des Alpes in 1966 – an event that turned out badly for Saab with both Sonett II entries being forced to drop out with fuel problems after suspected sabotage.*

# Alla SAABs Sportbilar
# The Sonett and Other
# Sports Cars

ingår i förlagets "ALLA-serie", rikt illustrerade teknikhistoriska böcker om olika trafikmedel till lands, i luften och till sjöss. Författarna har i samtliga fall gjort stora inventeringar och fått låna unika bilder i privata familjearkiv, hos företag, tidningsarkiv, museer och olika institutioner.

Är Du trafikintresserad? Se till att dessa böcker och finns i Din bokhylla:

**ALLA VÅRA BUSSAR**
Av Gert Ekström-Lars Ericson-Lars Olov Karlsson. 350 sköna bussbilder och sammanbindande text!

**ALLA VÅRA LASTBILAR**
av Gert Ekström. 144 sidor med bilder av 250 lastbilar – i arbete, ensamma, i trafiken eller på parad.

**ALL OUR LORRIES**
Special issue with captions in English

**ALLA VÅRA TAXIBILAR**
Av Gert Ekström. Ett yrke med anor har fått sitt eget stora bildepos. 240 bilder, 80 olika bilmärken, 80 svenska bilmiljöer!

I närmaste bokhandel eller direkt från förlaget

**FÖRLAG/PUBLISHER**
**ALLT OM HOBBY**
**Box 9185**
**S-102 83 Stockholm**
**Tfn 08-19 40 40**

# Innehåll

# Contents

**English section**